Barbara Vödisch

Zeit für neue Wege

Selbst Verantwortung übernehmen

Smaragd Verlag

Über die Autorin

Barbara Vödisch war zunächst 10 Jahre als Tanztherapeutin in psychiatrischen und suchttherapeutischen Einrichtungen tätig. Als „Sprachrohr" für die geistige Welt wurde sie durch eine Reihe von Büchern bekannt. Nach dem Entstehen des Buches „Einssein mit Gott" erwachte sie in unendlichem Bewusst-Sein und ihre intensive Suche nach unendlicher Liebe, nach der Quelle allen Seins, endete. Weit davon entfernt, perfekt zu sein, lebt sie glücklich verheiratet in den Chiemgauer Bergen. In Seminaren, Vorträgen und Einzelsitzungen unterstützt sie Menschen spielerisch, voller Liebe, Natürlichkeit und Leichtigkeit das Göttliche auch im Alltäglichen zu erkennen und im Einen Sein zu erwachen. Sie ermuntert dich jenseits von Konzepten und Wissen, einfach nur du selbst zu sein und jetzt, und nicht erst in der Zukunft, glücklich und in Frieden zu sein.

Sie ist über folgende Anschrift erreichbar (Anfragen bitte mit frankiertem Rückumschlag):

Barbara Vödisch
Postfach 13 33
83203 Prien am Chiemsee
www.barbaravoedisch.de

Inhaltsverzeichnis

Einleitung

Wir leben momentan in einer turbulenten Zeit. Nichts scheint mehr so zu sein, wie es einmal war. Das können wir am Wandel unserer wirtschaftlichen Situation genauso beobachten wie im privaten Umfeld. Es scheint, als würde in den letzten Jahren ein Tornado über die Welt fegen, der neben vermehrten Naturveränderungen, Wirtschaftskrisen und kriegerischen Auseinandersetzungen auch im Beruf und in unseren Beziehungen für Furore sorgt. Viele Weltanschauungen und Lebensstrukturen greifen nicht mehr. Und so sind wir durch die Intensität, mit der sich die Veränderungen ihren Weg bahnen, immer wieder herausgefordert, neue Wege zu gehen. Es scheint, als könnte man sich an nichts festhalten, auf nichts verlassen. Vieles, was wir heute für die Zukunft planen, ist morgen schon wieder hinfällig. Wir sind herausgefordert, immer mehr im Jetzt zu leben, die Angst vor der Unberechenbarkeit des Lebens zu überwinden und uns dem Fluss, der Weisheit des Lebens anzuvertrauen, anstatt es absichern und bezwingen zu wollen.

Auch in meiner Arbeit, in dem Zusammensein mit Hunderten von Menschen, ist in den letzten Jahren zu beobachten, wie tiefgreifende Veränderungen geschehen – selbst in Lebens- und Persönlichkeitsstrukturen. Alles, was lange Zeit schwelte und in einem gewissen Ungleichgewicht existieren konnte, wird jetzt an die Oberfläche gespült.

Für viele Menschen ist das nicht leicht. Wenn wir aber im Widerstand verharren und uns gegen Veränderungen sträuben, erfahren wir nichts als Schmerz und fühlen uns vom Schicksal bestraft. Sobald wir hingegen mit dem Fluss gehen, ist es eine wunderbare Zeit, – eine Zeit, in der Klarheit und Ausgewogenheit gefordert sind. Alles, was dem nicht standhält, beginnt zu wackeln. Wir haben die Chance, uns von den faulen Kompromissen, den Situationen, in denen wir eingeschlafen, in Illusionen gefangen und verstrickt waren und unsere innere Wahrhaftigkeit verkauft haben, zu befreien und aufzuwachen.

Diese Zeit ist trotz und gerade wegen ihrer Herausforderungen ein sehr großes Geschenk. Wir scheinen aufgerüttelt werden zu müssen, damit, wenn die Bereitschaft zu Bewegung und Bewusstwerdung nicht gegeben ist, diese zur Notwendigkeit wird.

Ich möchte Sie mit diesem Buch weder in die neuesten Wirtschaftstheorien noch in spirituelle Voraussagen und Zukunftsprognosen entführen. Mich interessiert das Leben hier und jetzt, die Praxis im Alltag, und so möchte ich mit Ihnen über die Geschenke dieser Zeit, über neue Wege sprechen, und Mut und Vertrauen weitergeben.

Vielleicht denken Sie: „Ist diese Frau naiv! Was glaubt sie bewirken zu können?“

Sie haben sicher Recht: Ich kann die Welt nicht aus den Angeln heben. Das ist auch nicht meine Absicht. Wir alle können aber Samen pflanzen und schauen, was daraus entsteht. Warum sollen wir uns von Lähmung und Mutlosigkeit erfassen lassen, anstatt uns dem Leben zu stellen, um zu erkennen, dass es uns wohlgesonnener ist als wir glauben. Warum gegen das Leben kämpfen, wie es ist? Es ist nicht unser Feind und will uns nicht bestrafen. Vielmehr spüre ich eine Liebe zum Leben, für dieses Land und seine Menschen und den Wunsch, das mit Ihnen zu teilen. Ich fühle mich angesprochen, meinen Beitrag zu leisten. Ich möchte mit Ihnen alte Sichtweisen überdenken und neue Möglichkeiten erarbeiten. Das bezieht sich auf unsere private wie auch auf unsere gesellschaftliche und wirtschaftliche Situation. Denn unsere Wirtschaft ist nicht getrennt von uns. Sie ist ein Teil von uns, wir sind ein Teil von ihr. Gerade weil die wirtschaftliche Situation uns nahe geht und unser Leben beeinflusst, sind wir aufgefordert, aufzustehen und nicht die negativen Geschichten weiterzufüttern, sondern vielem, was sich jetzt dem Ende zuneigt, zu einem neuen Anfang zu verhelfen.

Ich gehöre keiner politischen Richtung an und bin wirtschaftlich nicht versiert. Ich möchte aus der Einfachheit einer unbelasteten Sichtweise, mit meiner Liebe zum Menschsein andere Kräfte aktivieren als nur Zahlen, Fakten, oder politische Argumente.

Was ist mit unserer Freude am Erschaffen, Gestalten und Verändern, mit Eigeninitiative, Selbsterkenntnis und einem offenen Herzen? Wir sind aufgerufen, die Chancen dieser Zeit, *unsere* Chancen, zu nutzen und Achtung für die vielfältigen Ausdrucksformen zu entwickeln. All die Veränderungen können hilfreich sein, um wach zu werden für unserer natürliches Sein, das stille Glück, das in uns allen ruht. Wir haben oft das „In-uns-Ruhen“, den inneren

Frieden, verlassen und uns von äußeren Faktoren, von materiellen und emotionalen Sicherheiten, von Menschen und ihrer Liebe und von unseren Zielen abhängig gemacht. Vieles von dem, was wir als Glück erwartet haben, wird uns entrissen und stellt sich als Irrtum heraus. Zunächst scheint das ein Drama zu sein. Doch wer sagt, dass all das, von dem wir uns Glück versprechen, uns wirklich glücklich macht? Ist wahres Glück überhaupt von äußeren Faktoren abhängig?

Je mehr das Äußere wegfällt und unkontrollierbarer wird, desto mehr werden wir auf uns selbst und darauf, das Glück in uns zu finden, zurückgeworfen. Wir werden vom Leben erbarmungslos in seiner unendlichen Güte und gleichzeitigen Härte konfrontiert, bis wir, unabhängig von den äußeren Dingen, offen und direkt im Leben sind und uns unseres wahren Seins, unseres inneren Friedens bewusst werden.

Viele alte Strukturen fallen jetzt weg. Die Grenzen unserer Überzeugungen, Gedanken- und Lebensstrukturen werden immer sichtbarer. Geht es jetzt um neue Erklärungsmodelle und Theorien? Ich glaube nicht. In Form von Erklärungsmodellen und Theorien kann und will ich nicht antworten. Es geht nicht darum, einem neuen Bild, einer neuen Theorie von der Welt zu folgen, weder auf Grund wissenschaftlicher noch politischer oder spiritueller Weltbilder. Warum müssen wir uns überhaupt eine Theorie von der Welt zurechtlegen? Das beengt unseren Horizont nur. Je „leerer“ und freier wir von Theorien und Überzeugungen sind, desto direkter sind wir im Leben. Lassen wir doch das

Leben selbst unser Lehrer sein und uns neue Wege zeigen. Wenn wir angefüllt sind von Erklärungen und Erwartungen können wir nicht Neues aufnehmen. In dieser Zeit des Wandels kommen wir mit alten Überzeugungen an Grenzen, auch mit den Vorstellungen von einer „besseren Welt“ und dem „besseren Menschen“. Die Welt ist, wie sie ist. Die Menschen sind, wie sie sind. Wer will darüber urteilen? Wollen wir immer mit der Welt und den Menschen im Kampf sein? Einzig Liebe und Akzeptanz bringen Frieden. Die Veränderung unserer Welt geschieht nicht durch Besserwisserei, Schuldzuweisungen und Theorien. Sie beginnt auch nicht bei den anderen, den Politikern und Mächtigen dieser Welt, sondern in uns, indem wir Frieden mit der Welt und unserem DaSein schließen.

Das heißt nicht, dass wir alles gut heißen und kritiklos werden müssen und es nicht auch um tatkräftige Veränderungen gehen kann. Wem hilft es, wenn wir uns an unseren Vorstellungen von einer besseren Welt oder an der Welt, wie sie war, festhalten? So werden wir immer unzufrieden und voller Vorwürfe sein. Das, was ist, erscheint uns nie richtig und gut genug. Hören wir doch damit auf! Richten wir unsere Aufmerksamkeit auf das Hier und Jetzt!

Ja, Zeit für neue Wege, Zeit für die Besinnung aufs Wesentliche und dafür, die Grenzen unserer Kontrolle, unserer Abhängigkeit von Sicherheiten zu erkennen, Lebensängste zu überwinden, sowie uns den Wellen des Lebens anzuvertrauen. Es ist Zeit, uns dem Leben, wie es ist, zu stellen und uns nicht zu verbiegen, um in eine homogene Masse des gängigen normalen Menschenmodells zu passen. Und es ist unsere Chance, da, wo viele alte Modelle nicht mehr funktionieren, auch ungewöhnlichen Impulsen und Anliegen Ausdruck zu verleihen. Dazu ist es notwendig, dass wir nicht die Menschen und die Welt als unseren Feind betrachten, sondern dass wir selbstverständlich auf unsere individuelle Art unseren Platz einnehmen, Initiative ergreifen und Verantwortung für unser Glück übernehmen. Es erfordert den Mut, selbst tätig zu werden und das zu verwirklichen, was wir von anderen fordern. Es ist so einfach, andere zu kritisieren und darüber zu philosophieren, was alles besser sein müsste. Das ändert nichts und macht niemanden glücklicher. Vergeuden wir unsere Zeit nicht damit, auf andere zu schauen. Wenn wir keine Zufriedenheit in uns finden können und unser Leben nicht selbst in die Hand nehmen, können wir nicht andere dafür verantwortlich machen. Leben wir lieber unser Leben! Neue Wege können unserer inneren Wahrhaftigkeit dienen und nicht der Kompensation unserer Lebensängste. Beim Beschreiten neuer Wege wird sich immer wieder die Frage stellen, wem wir Macht geben, – der Abhängigkeit von materiellen Dingen, von Anerkennung und von den Geschichten des Mangels, oder unserem inneren Wesen. Es ist unsere Wahl, uns jetzt zu befreien.

Verantwortung – Schuld sind immer die anderen

Wer trägt die Verantwortung für unser gesellschaftliches und privates Leben und für unsere wirtschaftliche Situation? Wem kann man „die Schuld" für eine wirtschaftlich angespannte Situation oder für eine schwierige, nicht erfüllte Beziehung geben?

Meist machen wir andere dafür verantwortlich; wie zum Beispiel die Politiker oder Wirtschaftsbosse, Partner, Eltern, Kinder oder Freunde. Wenn sie alle anders und besser wären, würden wir endlich glücklich sein können!

Stimmt das überhaupt? Geht es denn um Schuldzuweisungen? Und kommen wir damit weiter?

Wir haben oft unseren Blickwinkel darauf gerichtet, was andere falsch machen und wie sie es besser machen könnten. Wie viele scheinbar endlose Diskussionen werden darüber geführt, was die Politiker falsch machen, wer sich auf Kosten anderer bereichert und was geändert werden müsste.

Aber Diskussionen über das „Was wäre wenn" sind überflüssig. Natürlich machen Ursachenforschung, eine sachliche Betrachtung und das Streben nach Optimierung Sinn. Es hilft aber wenig, nur zu reden. Vielmehr sollten wir unsere eigene Verantwortung sehen und das Leben selbst konstruktiv mitgestalten. Wenn wir gegen etwas sind, sind unsere Energie und Aufmerksamkeit so sehr auf das gerichtet, was wir nicht für richtig halten, dass wir es gleichzeitig damit unterstützen. Stattdessen können wir unsere Energie gleich konstruktiv nutzen. Warum kritisieren? Stehen wir lieber auf und setzen selbst unsere Wünsche um. Wer sollte sonst dafür verantwortlich sein, wenn nicht wir? Auf wen wollen wir warten? Auf andere? Auf das Schicksal?

Wir wissen oft, was wir *nicht* wollen und sehen sehr klar, was nicht gut funktioniert. Aber was ist *jetzt*? *Jetzt* ist Zeit für Eigeninitiative, für Alternativen und nicht für „Nein-Sagerei".

Mir ist an Gemeinsamkeit gelegen. Wir haben, ausgehend von unserem individuellen Lebensbereich, ein gemeinsames Interesse daran, dass es der Wirtschaft und jedem Einzelnen von uns gut geht. Wir können uns gegenseitig den „schwarzen Peter" zuschieben, – der Arbeitnehmer dem wohlhabenden Chef, die Unternehmer dem "faulen Arbeitslosen" usw., und damit unsere Kräfte vergeuden. Unsere Weste ist nicht nur weiß, wir sind alle menschlich. Wenn wir es nötig haben, anderen Menschen Schuld zuzuweisen, sind oft nur unsere eigenen wunden Punkte berührt.

Fangen wir also bei uns selbst an. Schauen wir, was wir selbst in unserem Leben verändern und verbessern können. Die Verantwortung für das Glück in unserem Leben haben wir! Und niemand anders. Wenn wir uns nicht trauen, unser Potenzial zu leben, weil wir Angst haben, unseren scheinbar sicheren Rahmen zu verlassen, sollten wir nicht andere dafür verantwortlich machen. Wer sich voller Engagement mitten im Leben befindet, erfährt selbst, dass es nicht möglich ist, alles perfekt zu machen. Anstatt uns zurückzulehnen und zu kritisieren ist es Zeit, selbst Veränderungen vorzunehmen. Unser Glück ist von anderen viel weniger abhängig als wir glauben. Verantwortung für unser Lebensglück zu übernehmen, anstatt die alten Strukturen von Schuldzuweisungen, Pessimismus, Lebensängsten, Ohnmacht, Besserwisserei und Arroganz zu füttern, ist ein zentraler Aspekt, wenn wir neue Wege beschreiten wollen. Dabei ist es für uns alle, gerade auch für notorische Weltverbesserungsexperten, wichtig, erst einmal in den Spiegel zu schauen und zu lernen, mit der Welt in Frieden zu sein, anstatt uns über andere zu erheben. Es ist einfach, Menschen, die in vorderster Reihe stehen, zu kritisieren, wenn man selbst im Verborgenen wirkt und nicht unter Beweis stellen muss, ob man wirklich alles besser kann. Und es ist nicht konstruktiv, nur den Mangel zu sehen und die Verantwortung an andere abzugeben. Obwohl wir in ein größeres Gefüge eingebunden sind, haben wir die Freiheit, uns nicht von Schwarzmalerei, Angst und Machtkämpfen beeinflussen, sondern Vertrauen, Flexibilität und ein Miteinander walten zu lassen.

Das erfordert Achtsamkeit in unserem alltäglichen Leben. Oft erscheint es leichter, auf alte Strukturen von Ohnmacht und Schuld zurückzugreifen. Aber ohne unseren inneren Wandel gibt es keine neuen Wege, die uns weiterbringen. Das ist untrennbar. Wie soll in der Welt mehr Menschlichkeit, Optimismus und weniger Streben nach persönlichen Vorteilen und eine Achtung aller Lebensformen herrschen, wenn wir selbst tagtäglich nur auf unsere Vorteile bedacht sind und uns von Mangeldenken kontrollieren lassen? Es liegt wirklich an uns und unserem Bewusstsein! Es ist eine Zeit der Erneuerung, um alte Strukturen, Grenzen und Ängste zu überwinden. Aber was hält uns gefangen? Meist sind es unsere eingeschränkten Gedankenstrukturen, Gewohnheiten und Bequemlichkeiten, aber auch die alten ungeschriebenen Gesetze unserer Familien, unserer Gesellschaft und die Ängste, die wir in uns tragen. Wir sind oft viel abhängiger vom Urteil anderer als wir glauben aber auch von unseren eigenen Erwartungen und Ansprüchen. Diesen alten Ballast gilt es abzuwerfen und uns aus den Abhängigkeiten von der Meinung und der Liebe anderer zu lösen, um das zu tun und zu sein, was wir sind. Letztendlich ist unser Mut gefragt. Der Mut, die Verantwortung für unser Lebensglück und für die Entfaltung unseres Potenzials zu übernehmen und auch nicht auf eine Erlösung durch die „Märchenpolitiker/ -prinzen/ -chefs/ -partner oder -eltern“, zu warten. Es ist der Mut gefragt, immer wieder ins Nichts zu springen, Altbekanntes hinter sich zu lassen, neue Räume zu betreten und vor allem: sich jeden Moment aufs Neue dem Fluss des Lebens in seiner Unkontrollierbarkeit hinzugeben. Das fällt vielen Menschen jedoch schwer, und sie haben anstatt „Gott- und Urvertrauen“, einfach nur Angst und fragen sich, wohin uns diese Situation noch führen wird. Ist das jetzt der Anfang vom Ende? Steuern wir auf eine massive Weltwirtschaftskrise hin? Haben sich nicht oft aus Wirtschaftskrisen auch Kriege entwickelt?

Manche Menschen verbreiten Weltuntergangsstimmung. Haben sie Recht und wollen uns warnen?

Vor vielen Jahren begegnete ich einer Frau, die mir dringend ans Herz legte, doch Vorsorgemaßnahmen für einen Krieg und eine Weltwirtschaftskrise, die sie kommen sah, zu treffen. Sie gab mir einen Zettel mit „Tipps zum Überleben", angefangen beim Anlegen von Goldvorräten bis hin zu Nahrungsmittel- und Kleidungshinweisen. Dadurch kam in mir ein paar Tage lang ein Dialog in Bewegung, durch den ich mich mit meiner Angst vor Krieg, Zerstörung und Armut konfrontiert sah. Doch viel stärker spürte ich, getragen zu sein und sah keine Notwendigkeit, Vorsorgemaßnahmen zu treffen.

Selbst wenn diese Prophezeiungen eintreffen würden, könnte ich den Fluss des Lebens, das Schicksal, nicht beeinflussen. Wenn die Zeit gekommen ist, den Körper zu verlassen, ist das trotz Vorsorgemaßnahmen nicht zu verhindern, genauso wie ohne diese Maßnahmen ein Überleben möglich sein kann. Was hilft es, uns jetzt mit Dingen verrückt zu machen, die vielleicht nie eintreffen. Was ist mit *diesem* Moment? Mit dem Glück hier und jetzt?

Wenn wir uns in Angstbilder flüchten, leben wir, als wären die Befürchtungen bereits existent und realisieren nicht die gegenwärtige Situation unseres Lebens: – Es ist kein Krieg in unserem Land, und es existiert keine wirkliche Armut. Ich lebe im Moment, und so, wie es ist und geschieht, ist es!

Wenn der Körper sterben soll, dann stirbt er! Das Dasein endet nicht mit diesem Körper. Es existiert vor dieser und nach dieser Zeit, ohne Anfang, ohne Ende.

Der Glaube an unsere Gedanken und Ängste ist sehr machtvoll. Wenn wir zum Beispiel alle an einen Krieg glauben und dem unsere Aufmerksamkeit geben, werden wir genau das erschaffen. Wollen wir das? Es geht dabei weder um Schönfärberei noch um Schwarzmalerei, sondern um die Hingabe an das Leben hier und jetzt. Lassen Sie uns jetzt unsere Freude leben und in der Welt das manifestieren, was uns am Herzen liegt. Es ist Zeit für neue Wege. Zeit, das DaSein anzunehmen und Initiative zu ergreifen für ein Leben in Frieden und Glück.

Viele Menschen beklagen sich darüber, dass vieles so hoffnungslos ist und sich „die Masse" zu langsam weiterentwickelt, sei es im Hinblick auf Bewusstwerdung, Selbstverantwortung, Ökologie oder humanitäres Handeln. Nichts ist hoffnungslos. Alles ist möglich! Es ist doch schon vieles in Bewegung – aber es braucht auch Geduld. Hier auf der Erde bewegt sich selten etwas in Lichtgeschwindigkeit. Auch die scheinbar Unbewussten, Schwerfälligen und die, die scheinbar noch nichts verstanden haben und den Rest angeblich behindern, sind wie Sie und ich. Manchmal stehen wir alle auf dem Schlauch und sind schwerfällig. Wer will hier urteilen? Denn jetzt ist die Zeit für ein Miteinander statt ein Gegeneinander, für die Akzeptanz aller Daseinsformen, für das Ende von Macht und Ohnmacht, von Opfer und Täterspielen durch das Annehmen der eigenen natürlichen Kraft.

Wir sind alle auch keine Opfer unserer wirtschaftlichen Situation. Jeder von uns ist selbst ein Funke, ein Mitschöpfer unserer Wirtschaft, wenn wir unsere Verantwortung, unsere natürliche Macht annehmen. Wir bestimmen durch unser Kaufverhalten, ob und wie Wirtschaftszweige leben können. Auch mit unserem beruflichen Engagement, unseren Ideen, unserem Wissen und unseren Fähigkeiten sind wir ein Teil der Wirtschaft und bestimmen diese damit im Kleinen. So sind wir nicht ihr Opfer, sondern ihr Mitschöpfer. Geben wir dieses Potenzial nicht aus der Hand. Lassen Sie uns nicht *gegen* etwas kämpfen, sondern geben wir unsere Energie in die Gestaltung neuer Möglichkeiten, in ein *Mit*einander. Setzen wir das, was wir fordern, selbst um.

Wir leben in dieser Welt, in der es nun mal menschliche Schwächen und Unzulänglichkeiten gibt. Geben wir nicht alle auf unsere Art unser Bestes? Wir können die Menschen nicht verändern und zwingen, anders zu sein. Der ausgestreckte Zeigefinger, mit dem wir auf andere zeigen, zeigt immer auch auf uns selbst und unsere eigenen Schwächen.

Ich möchte Sie einladen, die Schuldzuweisungen an Wirtschaft, Regierung und andere Menschen zu überdenken. Wenn wir negative Stimmungen schüren, wo bleibt unsere Kraft fürs Wesentliche? Wachen wir auf und richten wir unseren Blick auf unsere Möglichkeiten!

Es beginnt damit, dass Sie nicht auch zu denen gehören, die jeden Tag aufs Neue Hoffnungslosigkeit verbreiten. Vielleicht sind Sie derjenige, der sich auf seine Chancen besinnt! Vielleicht sind Sie einer, der den Mut hat, diese Kette der Negativität und des Mangels zu durchbrechen!

Selbst wenn wir über andere urteilen und ihnen Schuld zuweisen, messen wir dabei oft mit zweierlei Mass. Wenn zum Beispiel Selbstständige nicht ihr ganzes Einkommen bei der Steuer angeben, haben wir Verständnis. Wenn Politiker und Wirtschaftsbosse manches „an der Steuer vorbei" machen, ist das ein großer Skandal. Ich sehe hier zwar den Unterscheid in Größenordnung und Tragweite, Tatsache ist jedoch, dass *alle* an der Steuer vorbei gewirtschaftet haben. Der gleiche „Tatbestand". Für den einen haben wir mehr, für den anderen weniger Verständnis. Wir können sogar noch argumentieren, dass der Staat selbst Schuld daran ist, wenn er zu hohe Steuern fordert und die „Selbstständigen" wenig unterstützt. Es ist zwar nicht alles gleichzusetzen, doch was wir bei anderen bemängeln, ist oft von uns selbst nicht so fern, wie wir glauben. Wie oft kritisieren wir, dass vielen Politikern nichts Besseres einfällt, als sich selbst zu beweihräuchern und „politische Gegner" anzugreifen. Wie oft kritisieren wir aber selbst schonungslos die Politiker, beweihräuchern uns und sehen unseren eigenen Anteil nicht. Auf diesem Auge sind wir meistens blind.

Es ist offensichtlich, wie wenig konstruktiv die Politik manchmal ist, und da ist es üblich, andere anzugreifen, weil man selbst vorgibt, das Patentrezept zu haben und alles besser zu können. Trotzdem können wir nicht von den Politikern verlangen, neue funktionierende Wege zu beschreiten, wenn wir es selbst nicht auch tun.

Die Führung in Politik und Wirtschaft ist momentan so, wie sie ist. Ich kann und will nicht beurteilen, ob gut oder schlecht. Darum geht es hier auch gar nicht. Wenn wir aber ehrlich sind, erkennen wir, dass vieles, was wir Politikern und Managern vorwerfen, auch bei uns selbst zu finden ist. Haben wir nicht auch menschliche Schwächen und genug mit uns selbst zu tun? Wenn wir das Verhalten mancher Menschen in verantwortungsvollen Positionen kritisieren, weil sie viel reden und doch nichts tun, weil sie Meister darin sind, ihre Fehler anderen in die Schuhe zu schieben, müssen wir uns auch die Frage gefallen lassen, ob wir dem selbst gerecht werden. Wir müssen uns die Frage gefallen lassen, wo auch wir viel reden und nichts zur Veränderung beitragen. So, wie sich die Parteien, die Gewerkschaften und andere Interessenvertretungen den „Schwarzen Peter“ oft gegenseitig zuschieben, so schieben wir „denen da Oben” den „Schwarzen Peter“ zu. Abgesehen „von denen da Oben“ gibt es ja auch noch die Arbeitslosen, den Chef, die Eltern oder den Partner. An Menschen, die wir für die Schwierigkeiten unseres Lebens verantwortlich machen, mangelt es uns also nicht. Es ist daher an der Zeit für uns, aufzustehen und unseren Anteil an der Situation unseres Lebens, unseres Landes und unserer Wirtschaft zu sehen. Es ist Zeit, unsere Versäumnisse, aber vorrangig unser Potenzial, wahrzunehmen, anstatt alles auf andere zu projizieren. Zeit, erwachsen zu werden!

Wer bestimmt denn, welche Regierung an der Macht ist und ob die Wirtschaft floriert, wenn nicht wir? Wirklich, wir beeinflussen die Gesellschaft und die Wirtschaft mit unserer ganz individuellen Art, Mensch zu sein. Wir sind wirklich nicht die hilflosen armen Opfer der Wirtschaft, der Politiker und unserer Lebensumstände. Wie wir unser Leben erleben und wie wir mit Herausforderungen umgehen, liegt allein an uns. Sicherlich konnten Sie im Laufe Ihres Lebens beobachten, wie ein und dieselbe Situation von einem Menschen als Katastrophe, von einem anderen als Geschenk empfunden wird. Vieles ist nur eine Frage der Einstellung und der Betrachtungsweise. Sehen wir das Leben durch die Brille des Mangels, der Angst und der Schuld, – wird diese unsere Realität gestalten.

Ich konnte das auch im Buch- und Verlagswesen beobachten. Die wirtschaftliche Situation dort ist nicht sehr rosig. Vor einiger Zeit hatte ich Kontakt zu einem Verlag, dessen Besitzer sich davon nicht beeindrucken lässt. Er ist voller Ideen, engagiert und immer am Puls der Zeit. Selbst jetzt kann er ein bemerkenswertes Umsatzwachstum verzeichnen. Er hat neue Pläne, investiert und ist auf dem „aufsteigenden Ast", offen für die Themen und Bedürfnisse der Menschen in dieser Zeit. Er verfolgt begeistert seine eigenen und die Visionen anderer Menschen und hat doch bodenständig seine Umsätze im Blick. Mir kam so viel Schaffenskraft und Lebendigkeit entgegen, als würde er in einer anderen Realität als andere Verlage leben und als hätte er von der schlechten Wirtschaftssituation noch nie etwas gehört. Sehr interessant, gerade deshalb, weil er nicht wie ein Traumtänzer, sondern wie ein tatkräftiger Geschäftsmann wirkte. Ich freute mich darüber. Er ist ein Beispiel dafür, dass es auch anders geht.

Vor kurzem kam ich mit einer Geschäftsinhaberin ins Gespräch, die auch keine wirtschaftlichen Einbrüche feststellen kann. Es stellt sich die Frage, ob das nur Schönfärberei war, denn mancher gibt nicht gerne einen Umsatzrückgang zu. Ich kenne sie allerdings schon länger, als einen ehrlichen Menschen. Sie kauft immer noch voller Freude neue Ware ein und bietet den Kunden Schönes zu einem guten Preisleistungsverhältnis an. Ihr Laden und der Kontakt mit den Kunden machen ihr, abgesehen von dem üblichen Auf und Ab, große Freude.

Es hängt also auch davon ab, was wir wählen und ob wir unserer Freude und unseren Visionen folgen. Es liegt an uns. Gerade in unserem Staat, der über lange Zeit die Möglichkeit geboten hat, sich versorgen zu lassen, weisen die Menschen oft die Eigenverantwortung von sich. Es ist gut, wenn wir uns unserer Verantwortung für das Glück unseres Lebens bewusster werden.

Verantwortung wird meistens nur mit Last und Bürde in Verbindung gebracht, aber sie ist nur dann eine Bürde, wenn wir uns gegen sie sträuben und uns für Dinge zuständig fühlen, die uns nichts angehen. Wie oft fühlen wir uns für das Lebensglück anderer verantwortlich, wie es nach unserer Vorstellungen auszusehen hat. Aber wissen wir wirklich immer, was für andere und für die Welt besser wäre? Wie oft wollen wir andere und die Welt verändern. *Dafür* fühlen wir uns verantwortlich. Aber dieser Schuh ist viel zu groß. Welche Arroganz liegt in dem Glauben, besser zu wissen, wie andere Menschen zu sein haben und wie ihr Leben richtig wäre.

Fangen wir mit den Veränderungen und dem Übernehmen von Verantwortung besser bei uns selbst an. Kümmern wir uns um unser eigenes Leben. Egoistisch? Nein. Es gibt einen Ausspruch: Wenn sich jeder um sein Lebensglück kümmert, ist für alle gesorgt. Das ist aber keine Einladung zu heillosem Egoismus. Und dieser geschieht auch nicht, wenn wir glücklich und zufrieden sind, sondern nur dann, wenn wir Angst haben, Mangel fühlen und die Befürchtung hegen, zu kurz zu kommen. Wenn wir uns der inneren Vollständigkeit bewusst und mit unserem Leben glücklich und in Frieden sind, geben wir von selbst, haben wir Mitgefühl und wirklich das Wohl des anderen im Auge, weil wir nicht erwarten, etwas zurückzuerhalten.

Ist denn die Verantwortung für uns selbst wirklich eine Bürde? Nein, sie befreit uns von unnötigen Abhängigkeiten und beinhaltet die Freiheit unseres Lebensglücks, unabhängig von dem Verhalten anderer, von den perfekten Lebensumständen oder von materiellen Sicherheiten.

Ob wir mit unserem Leben glücklich und in Frieden sind, hängt einzig von uns selbst ab. Wenn wir glauben, dass ein anderer Mensch für unser Glück und unseren Seelenfrieden verantwortlich ist, geben wir ihm Macht über uns. Wir sind eben niemals Opfer – es sei denn, wir machen uns dazu. – Dann entstehen Gefühle der Hilflosigkeit und der Wut, und wir geraten in eine passive Haltung. Es scheint dann, als wäre der andere für diese schlechte Situation verantwortlich und als könnte auch nur dieser uns daraus befreien. Das ist ein großer Irrtum, denn wir haben uns selbst in diese Situation begeben. Wenn wir nicht mehr die Verantwortung an andere abgeben, haben wir die Kraft, unser Leben selbst zu gestalten. Je länger wir in Hilflosigkeit und Wut stecken bleiben, desto länger drehen wir uns in dem Karussell der Katastrophen und des Selbstmitleids. Das macht doch keinen Spaß!

Es stellt sich die Frage, ob wir nicht endlich aus dem Leiden, dem Opferdasein und aus alten Verstrickungen austreten wollen, oder ob uns all das in der Tiefe immer noch attraktiver erscheint als unsere innere Freiheit und das tiefe stille Glück. Immer mehr Menschen haben das Leiden und ihr inneres GefangenSein satt und entwickeln den Mut, sich über alle Beschränkungen hinwegzusetzen und sich selbst jenseits aller Vorstellungen zu begegnen. Eine wundervolle Zeit der Befreiung, aus inneren wie äußeren Einschränkungen. Es liegt an uns! Und auch an Ihnen!

☆☆☆

Sicherheiten

Viele scheinbare Sicherheiten, wie eine lebenslange Arbeitsstelle oder so manche Geldanlage, erweisen sich heute als unsicher. Das macht besonders denen, die ihr Leben abgesichert gewähnt haben, Angst und Kopfzerbrechen. Auch die weniger Sicherheitsbestrebten unter uns bemerken, dass sie auf nichts wirklich bauen können und ihre Lebensplanungen nicht sicher und der Wandlung unterworfen sind.

Aber was ist schon wirklich sicher? Was haben wir wirklich unter Kontrolle? Können wir Menschen überhaupt das Leben oder die Wirtschaft nach unserem Willen kontrollieren? Wie gerne würden wir alles unter Kontrolle haben und beeinflussen. Aber das ist weder mit dem Leben noch mit der Wirtschaft oder der Natur möglich. Wie sehr wir auch den Herrscher über Leben und Tod spielen wollen, wir können nicht alles absichern. Der „persönlichen Macht" sind Grenzen gesetzt – wir können diesen natürlichen Rhythmus, das „größere Ganze", nicht bezwingen. Nichts ist mehr wirklich sicher.

Wir können unser Leben auch nicht mehr zwanzig Jahre im voraus planen. Die Zeit ist schnelllebig und wenig voraussehbar geworden. Wundervoll!

War denn überhaupt jemals etwas wirklich sicher? Nein, zu keiner Zeit! Früher *schien* nur vieles sicherer zu sein. Doch wirkliche Sicherheit und eine Garantie dafür, dass die Dinge bleiben, wie sie sind, gab es nie. Genau das erfahren wir jetzt. Es ist an der Zeit, der Vergänglichkeit dieser Welt und auch unseres eigenen Lebens in die Augen zu schauen. Davor aber haben wir in der Regel Angst. Was ist, wenn wir uns letztendlich an nichts festhalten können und erkennen müssen, dass wir das Leben in allerletzter Konsequenz nicht kontrollieren können? Wir wissen nicht, wann unser Körper stirbt, ob eine Firma in Insolvenz geht, ob unser Partner morgen noch mit uns lebt oder uns verlässt. Das Leben ist Wandel und letztendlich nicht berechenbar. Natürlich sind wir an den Geschehnissen des Lebens mitbeteiligt. Trotzdem täuscht das nicht darüber hinweg, dass, egal wie viel Wissen wir über die Welt, über Wirtschaft, Aktien und Medizin haben, die Geschehnisse letztendlich nicht in unserer Hand liegen. Aber wenn nichts wirklich sicher ist, was bleibt dann? Was bleibt, wenn wir uns an nichts festhalten oder auf nichts bauen können?

Es bleibt immer das Sein in diesem Moment, das Leben jetzt. Es bleibt die Intensität der Gegenwärtigkeit, jetzt in Frieden und glücklich zu sein, ohne Erwartungen und ohne das Festhalten an Sicherheiten. Das heißt natürlich nicht, dass wir nicht Geld zurücklegen, Versicherungen abschließen oder ein Haus kaufen können. Im Hier und Jetzt zu leben steht nicht im Widerspruch zu Vorsorgemaßnahmen. Es geht nur darum, die innere Abhängigkeit und das Festhalten an Pseudosicherheiten zu lösen. Denn es sind wirklich nur Pseudosicherheiten!

Sicherheit im Leben ist eine Illusion. Wir können nichts wirklich festhalten. Wenn es von selbst bleibt, willkommen!, aber wir können den Lauf des Lebens nicht bezwingen.

Dass sich jetzt vieles, von dem man Sicherheit erhofft, doch nicht als sicher herausstellt, führt natürlich bei einigen Menschen zu großer Enttäuschung. Wieder behaupte ich ganz frech: Das ist wunderbar! Ent-Täuschung bedeutet ja, dass wir von der Täuschung, manches als Garant für Sicherheit und Erfolg zu sehen, befreit und stattdessen direkt mit der Realität konfrontiert werden.

Das trägt auch die Möglichkeit in sich, vieles, was uns nicht entspricht, nicht nur aus der Motivation der Absicherung und des möglichen Erfolgs zu tun, sondern das erfolgreich zu tun, was uns mit Begeisterung erfüllt. Wer sagt, was sicher ist und was nicht?

Ich bin vielen Menschen begegnet, die sehr erfolgreich das tun, wovon ihnen jeder abgeraten hat und denen eine Lehre in der Bank, bei Siemens oder ein BWL- oder Jurastudium empfohlen wurde. Und wie sieht die Realität heute aus? Wie viele Juristen und BWLer stehen auf der Straße, wie viele Banken entlassen ihre Mitarbeiter?

Wenn wir unserem inneren Fluss folgen, können wir auch mit dem erfolgreich sein, was niemand für möglich hält. Gerade in dieser Zeit des Wandels sind neue Wege erforderlich und möglich.

Früher hätte zum Beispiel jeder unterschrieben, dass mit ökologischen Projekten kein Geld zu verdienen ist. Es gibt inzwischen aber einige sehr erfolgreiche, profitable ökologische Unternehmen.

Welche Arbeitsstellen, Berufzweige und Unternehmen sind denn sicher und erfolgreich? Vor einigen Jahren wurden Lehrer dringend gesucht. Viele studierten daraufhin

Pädagogik. Aber dann gab es plötzlich keine Stellen mehr, dafür aber umso mehr arbeitslose Lehrer. Wonach also sollen wir uns richten? Ganz einfach: Lassen wir doch die ganzen Prognosen bei Seite. Natürlich gibt es Wahrscheinlichkeiten. Aber Wahrscheinlichkeiten sind Wahrscheinlichkeiten, mehr nicht!

Schauen wir uns das Wort Wahr-Schein-lichkeit an. Etwas, was wahr zu sein scheint, aber eben nur *scheint*. Das ist der feine Unterschied.

Ich möchte Ihnen Mut machen, auf Ihre inneren Impulse und auf den Fluss des Lebens zu vertrauen. Es gibt keine größere Autorität als das. Wenn etwas unser Weg ist, ist es unser Weg. Die größte Sicherheit ist es, uns dem Leben, den natürlichen inneren Impulsen hinzugeben, selbst wenn es unserer Logik, unseren Plänen vollständig widerspricht.

Wenn wir unter deutschen Sicherheits- und Zweifelskriterien auch meine Arbeit unter die Lupe nehmen würden, dürfte ich als Buchautorin und Seminarleiterin finanziell nicht überleben können. Wer kauft heute noch Bücher, investiert in eine persönliche Beratung oder in ein Seminar? Genügend Menschen tun es – obwohl ich weder Ärztin noch Heilpraktikerin bin, für die vielleicht eine Krankenkasse zahlt.

Es gibt viele Beispiele von Menschen, die abseits scheinbarer Sicherheiten individuelle Wege gehen. Es ist Zeit, unsere Vorstellung zu überwinden, nur in den gewohnten, alt bewährten Bahnen erfolgreich sein zu können, denn selbst diese stellen sich nicht als sicher heraus.

Wir brauchen den Mut, unsere eigenen Wege zu gehen und unseren inneren Impulsen Ausdruck zu verleihen, und kommen nicht daran vorbei, unserer Angst vor dem Versagen und davor, ausgelacht zu werden, in die Augen zu schauen und trotzdem das zu tun, was wir tun müssen.

Wenn wir unseren inneren Impulsen folgen, heißt das nicht, dass alles gleich Eitel-Freude Sonnenschein ist und wir automatisch erfolgreich sein müssen. Wir brauchen dazu auch eine gewisse Bodenständigkeit und den Mut, durchzuhalten und nicht gleich bei den ersten Herausforderungen aufzugeben.

Hier stellt sich die Frage: Was ist überhaupt Erfolg? Woran ist Erfolg zu messen? Sind wir nur erfolgreich, wenn wir ein bestimmtes Einkommen erzielen? Wo setzen wir das an? Für den einen ist ein Mensch, der 2.500 Euro netto im Monat verdient, ein erfolgreicher Mensch. Für jemanden, der 10.000 netto verdient, würde wahrscheinlich ein 2.500 Euro Nettoeinkommen ein Gefühl von Versagen und Misserfolg bedeuten. Andere wiederum messen Erfolg am Bekanntheitsgrad und setzen ihn damit gleich.

Erfolg ist so relativ! Und - ist er überhaupt an etwas, wie zum Beispiel an Einkommen oder Bekanntheitsgrad, zu messen?

Genauso ist auch die Definition von Misserfolg so eine Sache. Sind rückgängige Umsätze gleich ein Misserfolg?

Es ist alles immer nur eine Frage unserer Bewertung.

Diese Absichten und Beurteilungen und der Zwang, erfolgreich sein zumüssen, stehen uns oft im Weg und lassen uns nicht frei und unbeschwert sein. Oft führen uns unsere Bewertungen eher in die Irre, als dass sie uns wach und voller Energie das Naheliegende tun lassen. Viele erfolgreiche Menschen haben gar nicht die Absicht, erfolgreich zu sein und sind heute manchmal selbst noch über ihren Erfolg erstaunt. Sie sind ihrer Begeisterung, ihrem inneren Feuer gefolgt, – sind trotz mancher Herausforderung voller Inbrunst dem gefolgt, was sie tun *mussten*. Wir sind so darauf ausgerichtet, dass alles gleich eine Belohnung bringen muss, handeln nur, weil wir etwas bezwecken, selten, weil uns das Tun selbst Erfüllung bringt. Liegt nicht letztlich aller Erfolg darin, mit dem, was wir tun, glücklich zu sein?

Tatsache ist: Wenn wir dem Erfolg und der Anerkennung hinterherrennen, kommen wir nie an und sind nie zufrieden. Das Erreichte ist nie genug, denn es gibt sofort wieder neue Ziele.

Natürlich sind wir Menschen auch der Weiterentwicklung unterworfen und suchen manchmal die Herausforderung. Nur wenn wir immer dem Glück hinterherrennen, wo bleibt dann das Glücklichsein hier und jetzt? Wenn wir mit unserem Tun glücklich sind, ist Erfolg ein wunderbarer Nebeneffekt. Er ist aber nicht für unser Glück verantwortlich. Warum fällt es uns nur so schwer, mit unserem DaSein, unserem Tun zufrieden und glücklich zu sein? Meistens, weil das, was ist, uns nicht gut genug erscheint, wir immer etwas zu bemäkeln haben und immer etwas zu fehlen scheint. Wer sagt denn, dass das Leben, wie es gegenwärtig ist, falsch, nicht ausreichend und voller Mangel ist? Wer sagt denn, dass unsere Vorstellungen darüber, wie wir glücklicher wären, wirklich stimmen? Sie entspringen nur unserer Gedankenwelt, die den gegenwärtigen Moment mit einer fiktiven Vorstellung misst. Dass uns diese Vorstellung des Mangels an Glück im Leben nicht glücklich macht, ist unschwer zu erkennen. Die meisten Menschen leben in dieser inneren Gefangenschaft, indem sie immer auf der Suche nach Glück und Erfolg sind – und doch scheint immer etwas zu fehlen.

Wie können wir uns daraus befreien? Ganz einfach, indem wir die Demut haben, die Schönheit und Vollkommenheit des gegenwärtigen Moments entgegen unseren Vorstellungen zuzulassen und unser inneres Glück unabhängig von den äußeren Faktoren vernehmen. Was ist, wenn alles, auch das Glück, was wir so verzweifelt im Außen suchen, unsere eigene Essenz ist? Dann geht es nur darum, uns unserer Essenz, dieser Fülle, die in uns selbst ruht, bewusst zu sein.

Ist nicht unsere Suche nach Erfolg auch die Suche nach Anerkennung, nach Liebe, nach Beachtung? Letztendlich liegt auch dem nur die Suche nach dem Glücklich- und In-Frieden-Sein zu Grunde. Kann ich aber nur dann glücklich sein, wenn ich einen bestimmten Bekanntheitsgrad und ein bestimmtes Einkommen habe? Kann ich nur glücklich sein, wenn gerade alles auf dem aufsteigenden Ast ist?

Viele Menschen würden das mit Ja beantworten, weil sie glauben, nur glücklich sein zu können, wenn alles glatt läuft. Aber wir sind doch oft nicht einmal dann glücklich.

Was sagt denn die Realität unseres Lebens dazu? Gibt es nur den aufsteigenden Ast? Wir sind Wellenbewegungen, dem Auf und Ab unterworfen und können nicht die Aufwärtsbewegung der Welle festhalten und konservieren. Gerade in Deutschland scheint das Bestreben, alles, auch das Glück, abgesichert sehen und scheinbares Unglück abwenden zu wollen, sehr ausgeprägt zu sein. In keinem anderen Land schließen Menschen so viele Versicherungen ab. Nur sollten wir uns nicht der Illusion hingeben, dass uns dadurch auch wirklich Sicherheit geschenkt wird. Dem Streben nach Absicherung liegt auch die Angst zugrunde, dass etwas geschehen könnte, mit dem wir nicht umgehen können. Wie viel Angst haben wir davor, schwierige Situationen nicht bewältigen zu können? Wo ist das Wissen um unsere Kraft geblieben, auch schwierigste Situationen durchstehen zu können?

Wir können, egal wie sehr wir uns absichern, nicht dem Leben entfliehen. Die Suche nach Sicherheit durch ein Höchstmaß an Versicherungen kann auch mangelnden Mut und mangelndes Urvertrauen widerspiegeln, und wie oft liegt dem Wunsch nach Absicherung Angst zu Grunde. Ja, was passiert mit uns, wenn Sicherheiten und Luxus in Frage gestellt sind? Vielleicht sehen wir unser Lebensglück bedroht. Wir könnten aber auch die Freiheit spüren, den Luxus und die Vielfalt zwar zu genießen, sie aber nicht wirklich zu brauchen, um zufrieden zu sein. Viele Menschen sind von ihrem Lebensstandard abhängig geworden, denn ein guter Lebensstandard ist mit Status und Selbstbewusstsein verbunden und scheint die Vorraussetzung für Glück und Freiheit zu sein. War unser guter Lebensstandard in den letzten Jahren aber wirklich ein Garant für Glück und Zufriedenheit? – Selten gab es so viele süchtige und psychisch erkrankte Menschen wie heute, denn es ist ein Irrglauben, dass ein hoher Lebensstandard uns Zufriedenheit, Sicherheit und Glück schenkt. Wir reagieren auf Einschränkungen, als wolle man einem Süchtigen seinen Alkohol oder seine Drogen nehmen. Genau wie ein Alkoholiker das Gefühl hat, ohne seinen Alkohol nicht überleben bzw. nicht glücklich leben zu können, geht es vielen Menschen mit ihrem Luxus und ihren Sicherheiten. Viele würden jetzt sagen: „Es geht uns ja nicht um Luxus, sondern um unsere Existenz." Stimmt das denn wirklich? Ist unsere Existenz bedroht? Sind Fernseher, Auto, Reisen, Zigaretten für unser Überleben notwendig? Wir haben in vielerlei Hinsicht den Kontakt zum Boden, zur Realität verloren, weil wir sehr verwöhnt sind.

Eine meiner Freundinnen hat aus finanziellen Gründen ihr großes Auto verkauft. Sie fährt jetzt Fahrrad. Entgegen ihrer Vorstellung von großer Einschränkung fühlt sie sich frei. Ganz unerwartet spürte sie, nicht vom Auto abhängig zu sein und dass sie diesen Status, mit dem sie sich identifiziert hatte, nicht für ihren Selbstwert und ihre Zufriedenheit braucht. Vielmehr hat sie sogar Freude daran, sich auch im Regen mit ihrem Fahrrad zu bewegen. Als sie ihren Mitmenschen gegenüber erwähnte, sich – entgegen ihrer Befürchtung – überhaupt nicht eingeschränkt, sondern im Gegenteil, dem Leben viel näher zu fühlen, reagierten diese mit Unverständnis und dem Vorwurf, sie würde sich das nur einreden. Ich konnte ihre Erfahrung gut nachvollziehen.

Auch für meinen Mann und mich gab es eine Zeit, in der wir uns finanziell einschränken mussten. Zuerst war uns etwas mulmig zu Mute. Gab es doch die Vorstellung, unser Lebensstandard müsse stetig wachsen, sicherlich aber nicht zurückgehen. Im Nachhinein war es sehr gut und befreiend, diese Zeit erlebt zu haben. Wir erfuhren keinen Mangel, stattdessen die Unabhängigkeit von unserem alten Lebensstandard. Eine glückliche Zeit wurde uns geschenkt. Durch die Einschränkungen wurden wir zur Konzentration aufs Wesentliche geführt, denn in der Einfachheit kann auch Reichtum liegen. Es erzeugt nur Schmerz und Unglück, wenn wir uns an unserer Vorstellung von Luxus als Vorraussetzung für unser Lebensglück festhalten, uns über unseren finanziellen Hintergrund definieren und unser Selbstbild davon abhängig machen. Erfahrungen „der Einschränkung“ können uns, wenn wir uns wirklich darauf einlassen, zu einer größeren Freiheit, weit entfernt von jedem Mangel, führen. Jedoch nur dann, wenn wir nicht damit hadern, sondern offen für das Geschenk sind, das darin liegt.

Wenn wir uns hingegen an dem Verlust unser Gewohnheiten und Annehmlichkeiten festhalten, entsteht eine Dauerdepression. Was macht es für einen Sinn, Vergangenem nachzutrauern und sich krampfhaft an alten Sicherheiten festzuhalten? Das lässt uns nur enttäuscht, ungerecht, nörglerisch und unzufrieden mit dem Leben und den Menschen sein.

Wir können Abschied nehmen von alten Denkstrukturen und Gewohnheiten, indem wir uns den Begebenheiten unseres Lebens, wie sie jetzt sind, öffnen. Die Geburt neuer Ideen und eine neue Lebendigkeit werden möglich.

Betrachten wir einmal unser Leben. Auch hier existiert der Prozess von „Stirb und Werde". Menschen werden geboren und sterben. Alles kommt und geht. Wir können nichts festhalten. Wir müssen uns dem Leben in jedem Moment neu stellen. Wir wissen nicht, was morgen sein wird. Machen wir uns nichts vor: Es gibt letztendlich keine Sicherheit und Beständigkeit im Außen. Alles ist im Wandel. Die verzweifelte Suche nach Sicherheit, nach Beständigkeit, ist die Suche nach dem ewigen Selbst. Es ist die Suche nach dem Sein jenseits von Zeit und Vergänglichkeit. Wenn wir besessen sind von dem Wunsch nach Absicherung, sind wir eigentlich besessen von der tiefen Sehnsucht nach zu Hause, nach dem GeborgenSein in uns selbst, dem göttlich Ewigen – oder dem ewig Göttlichen. Unser Körper ist vergänglich, und das gilt auch für Geld, Besitztümer, Anerkennung, Gefühle, Gedanken und Identifizierungen.

Die Identifizierungen mit Ihrem Leben, mit Ihnen als Person, sind auch nicht von Bestand. Haben Sie den Mut, hinter Ihrem Bestreben nach Kontrolle und Absicherung der Angst vor dem Nichts zu begegnen und Ihrem tiefer liegenden Wunsch, im tiefen Frieden, in der Sicherheit des ewigen Selbst, zu ruhen.

Auch in vielen anderen Situationen unseres Lebens nehmen wir unsere Bedürfnisse nicht mehr in ihrem Ursprung wahr, sondern haben Ausweich- und Ersatzhandlungen entwickelt. Wir versuchen dann, oberflächlich unsere Bedürfnisse zu stillen, ohne in Kontakt mit ihrem Ursprung zu sein. So scheint uns manches Sicherheit und Glück zu bringen, stillt aber nicht wirklich das darunter liegende wahrhaftige Bedürfnis. Wir sind so nie gesättigt. Wir suchen alle bewusst oder unbewusst immer nach der Essenz, dem stillen Glück der Ewigkeit, dem GeborgenSein, und das auf vielfältige Weise, – sei es durch schnelle Autos, in der Natur, in unseren Beziehungen, im Alkohol, beim Sex, in der Askese und im Prunk, – in allem. Wir können aber von diesen vergänglichen Dingen und Erfahrungen nicht ewiges Glück erwarten. Wir können das alles genießen, aber es kommt und geht und kann uns niemals wahres Glück, oder absolute Sicherheit geben. Es unterliegt dem Wandel.

Wandel wird grundsätzlich zu einem immer wichtiger werdenden Faktor in unserem privaten wie auch wirtschaftlichen Leben. Denn auch eine Wirtschaft lebt nicht nur vom Bewahren, Erhalten und Sichern. Leben und Wirtschaft brauchen auch Begeisterung, Visionen und Veränderung. Bei allem Streben nach Sicherheit müssen wir flexibel bleiben. Dann sind wir offen fürs Leben und können es genießen. Leben wir einfach unser Leben, und das ganz und gar mit jeder Faser unseres Seins jetzt. Es geht nicht um die Weisheit für die nächsten hundert Jahre oder das Patentrezept für eine bessere Wirtschaft oder den besseren Menschen. Es gibt kein Allheilmittel.

Es geht vielmehr um die innere Bereitschaft, mit mehr

oder weniger Luxus und mehr oder weniger materieller Sicherheit in Frieden zu sein. Es ist die tiefe Erkenntnis, dass wahre Freiheit darin liegt, sich an materiellem Wohlstand zu erfreuen, ohne ihn zu brauchen. Sonst bringt uns unser Wohlstand keine Freiheit, sondern Sklaverei. Dann geben wir Geld und Wohlstand Macht über uns und unser Glück. Ob wir viel oder wenig Luxus haben, – wir können uns am Leben erfreuen. Wirklich frei sind wir nur dann, wenn wir uns unserer Angst stellen, den Luxus und die Sicherheiten verlieren zu können. Befreien wir uns von unserer materiellen Abhängigkeit und der Angst vor Verlust. Schließen wir endlich Frieden mit den Herausforderungen des Lebens und genießen wir das DaSein, den gegenwärtigen Augenblick. Meistens suchen und vermuten wir unser Glück in der Zukunft. Dabei erkennen wir oft nicht das Glück, das bereits jetzt in uns selbst und unserem Leben ist. Denn gemessen an unseren Erwartungen scheint das Leben nie perfekt genug zu sein. Und was aus dem Blickwinkel unserer perfektionistischen Erwartungen niemals gut genug sein wird und immer unvollkommen erscheint, wirkt, mit den Augen der Liebe betrachtet, wenn wir unser Herz öffnen, in einem anderen Licht. Willkommen sei die vollkommene Schönheit dieses Augenblicks. Willkommen seien der tiefe Frieden und die Geborgenheit in der Tiefe unseres ewigen Selbst!

☆☆☆

Geld

Anders als in Amerika, wo eine verschrobene Moral in Bezug auf das Thema Sexualität zu beobachten ist (was vor Jahren durch die Clinton Affäre sichtbar wurde), ist es bei uns in Deutschland das Geld. Es interessiert kaum jemanden, dass der Bundeskanzler zum dritten Mal verheiratet ist. Selbst wenn er eine Affäre hätte, würde das kaum Wellen schlagen.

Mit hohen moralischen Vorstellungen besetzt hingegen ist alles, was mit dem Thema Geld zu tun hat. Es scheint bei uns die Meinung vorzuherrschen, dass reich zu sein gleichbedeutend damit ist, ein schlechter Mensch zu sein.

Vor kurzem sagte jemand zu mir: „Menschen, die reich sind, sind alle Verbrecher. Auf ehrliche Art wird niemand reich. - Nur Menschen, die über Leichen gehen, können viel Geld verdienen."

Das meinte dieser intelligente, gebildete Mann tatsächlich ernst.

Ich möchte nicht bezweifeln, dass es Menschen gibt, die ihr Geld ohne Rücksicht auf Verluste und auf Kosten anderer Menschen verdient haben. Wenn wir allerdings beherrscht sind von dem Glaubenssatz, dass wohlhabende Menschen egoistisch und schlecht sind, müssen wir uns nicht wundern, wenn sich der Wunsch nach mehr Geld nicht erfüllt. Wer will schon ein „schlechter, egoistischer Mensch" sein?

Wohlhabend zu sein scheint für viele auch zu heißen, genusssüchtig, egozentrisch und oberflächlich zu sein.

Dabei wird oft vergessen, dass durch Geld ja auch die Möglichkeit gegeben ist, sinnvolle Projekte ins Leben zu rufen und andere Menschen und die Allgemeinheit zu unterstützen. Selbst wenn das nicht geschieht, sind Freude und Genuss auch in Verbindung mit Reichtum weder verwerflich noch die einzige Erfüllung. Ich kann nicht bestätigen, dass Menschen mit Geld schlechter und eigennütziger als andere sind. Außerdem weiß ich nicht, wonach gute und schlechte Menschen zu beurteilen sind. Wir sind alle Menschen.

Viele Menschen glauben, dass ihnen mehr Geld zustehen würde, jammern und fühlen sich benachteiligt, weil sie nicht mehr haben. Meist verhindern sie aber selbst durch ihre Ängste und das Bild, das sie von sich haben, mehr Reichtum. Es ist interessant zu beobachten, was bei diesem Thema alles in Bewegung gerät – von Existenz- und Überlebensängsten bis hin zu der Vorstellung, nur glücklich sein zu können, wenn wir uns alles kaufen können.

Es geht beim Geld nicht allein um Geld. Vielmehr spiegeln sich hier auch energetische, psychische und philosophische Aspekte wider. Es ist bekannt, dass Menschen, die Millionen zum Beispiel im Lotto gewonnen haben, diese oft schnell wieder verlieren. Warum wohl? Weil sie oft nicht fähig sind, diese Energie in Form von Geld zu halten. Dabei meine ich „halten" nicht im Sinne von festhalten, sondern dem gewachsen zu sein und die innere Kapazität und Größe zu haben, damit umzugehen.

Es macht also Sinn, unsere Einstellung zum Geld, zu Erfolg und Reichtum zu überprüfen, denn wir scheinen ein sehr zwiespältiges Gefühl dazu zu haben.

Einerseits scheint Geld etwas Wichtiges und Begehrtes in unserer Gesellschaft zu sein und für Sicherheit und Glück zu stehen, andererseits ist es nicht richtig, wenn jemand viel davon hat. Wie oft entsteht dabei Neid. Einer meiner Klienten, der sehr reich ist, erzählte das Gefühl, dass man ihm oft den Wohlstand neidet. Braucht jemand Geld, sieht er sich mit der Erwartung konfrontiert, dass die Befreiung aus dessen finanziellen Schwierigkeiten seine Verantwortung sei. Gibt er kein Geld, wird er manchmal als herzlos und geizig angeschaut, obwohl er grundsätzlich ein sehr großzügiger Mensch ist. Sein Problem dabei ist, dass er schlecht Nein sagen kann und sich schnell verantwortlich und schuldig fühlt.

Man wirft ihm auch vor, dass das Leben für ihn leicht sei. Selbst wenn das stimmt – ist das doch wundervoll. Warum darf sein Leben nicht leicht sein? In seinem Erleben aber ist es alles andere als das. Er hat genauso die Herausforderungen des Lebens zu bewältigen wie alle anderen auch.

Glück und Leichtigkeit haben nichts mit Geld zu tun. Ob wir glücklich sind, hängt viel mehr von unserer inneren Haltung, unserer Bewusstheit und Zufriedenheit ab. Und Geld zu haben ist kein Garant für ein glückliches Leben. Es kann eine gewisse Freiheit schenken, – durchaus, aber die Herausforderungen in Beziehungen und in der Arbeit machen auch vor Wohlhabenden nicht halt.

Bei meinen Onkel konnte ich schon als Kind beobachten, wie man über seinen Reichtum lästerte und ihm diesen neidete. Ich freute mich über die schönen Dinge, die er und seine Frau sich kaufen konnten. Bei dem, was er besaß, schaute man ganz genau hin – aber welchen überdurchschnittlichen Einsatz er erbracht hat und welche Risiken er eingegangen war, – das wurde übersehen. Keine längeren Urlaube, Arbeit am Wochenende und bis in die Nacht, – viel von dem, was er gegeben hat, wären die, die ihn kritisierten, niemals bereit gewesen zu geben. Sie sind kein Risiko eingegangen, hatten viel mehr Zeit und Sicherheiten.

Wir haben doch die freie Wahl! Gerade wir haben im Vergleich zu vielen Ländern der Welt immer noch gute Möglichkeiten, wenn es uns wirklich wichtig ist, viel Geld zu verdienen. Wem Geld sehr wichtig ist, kann doch dafür den entsprechenden Einsatz geben, anstatt anderen vorwerfen, dass sie mehr haben. Wenn wir genauer hinschauen, gibt es viele, die dafür einen großen Einsatz erbringen mussten und viele Risiken eingegangen sind. Selbst wenn sie ihr Geld mit ein paar Stunden Arbeit in der Woche durch geniale Ideen verdienen, ist das ihr gutes Recht – sogar wenn sie es im Schlaf verdienen würden.

Wenn wir mehr Geld wollen, dann müssen wir uns etwas einfallen lassen, um mehr zu verdienen. Wenn wir dazu nicht bereit sind, dann sollten wir mit dem zufrieden sein, was wir haben.

Ich war nicht bereit, mich um des Geldes willen zu verbiegen, sondern folgte meinen Anlagen und meiner Begeisterung. Von Kindheit an war ich an der Psyche der Menschen, am Sinn des Lebens, seinen tieferen Gesetzmäßigkeiten und wahrem Glück interessiert. Ich suchte nach Frieden und wahrer Liebe. Aber selbst das schließt nicht aus, auf diesem Wege auch in finanzieller Hinsicht erfolgreich sein zu können. Gegen Geld und Reichtum hatte ich nie etwas einzuwenden, liebte schon immer Schönheit und auch die irdischen und materiellen Aspekte des Lebens. Gleichzeitig war mir immer bewusst, dass Geld nicht das ist, was ich wirklich suche, und nichts Äußeres mir wahres Glück schenken kann. Trotzdem schließen sich die innere und die äußere Welt nicht aus, sie sind nicht getrennt voneinander. Es geht doch nicht darum, *entweder* ein spiritueller und armer *oder* ein oberflächlicher und reicher Mensch zu sein. Wir müssen uns nicht beschränken, indem wir uns nur mit dem einen oder mit dem anderen identifizieren. Ist nur der spirituell tiefsinnig, der der Welt entsagt und Geld ablehnt? Wie wäre es damit, einfach in der Materie zu leben, offenen Herzens und ganz menschlich?

Außerdem ist es, ob wir uns arm oder reich fühlen, keine Frage des Geldes. Es gibt Menschen, die viel Geld haben und arm sind, und andere, die wenig haben und sich dennoch angefüllt und reich fühlen.

Eine meiner Großmütter besaß wirklich wenig Geld, aber ich hatte bei ihr nie das Gefühl, dass sie arm ist. Sie lebte einfach innerhalb ihrer Möglichkeiten und legte immer Geld zur Seite, um für ihre fünf Kinder, zwölf Enkelkinder und Urenkel in der Kirche Kerzen zu kaufen, diese anzuzünden und dabei um Hilfe für deren Prüfungen, ihren Schutz auf Reisen und bei anderen Problemen zu bitten.

Sie war innerlich reich. Noch ein paar Monate, bevor sie mit fast 93 Jahren starb, nahm sie die weite Reise einer achtstündigen Zugfahrt zu mir auf sich, obwohl es ihr körperlich schon sehr schlecht ging. Als ich sie fragte, wie es ihr gehe und dass die Reise sicherlich sehr anstrengend für sie gewesen sei, antwortete sie: „Nein, das war doch schön, und jetzt bin ich hier. Ich freue mich!" Sie konnte kaum mehr gehen. Einmal sagte sie, ihrem linken Bein ginge es besser und ich möge sie in die Kirche nach Reit im Winkl fahren, damit sie der Mutter Gottes danken könne. In der Kirche beobachtete ich, wie sie sich ehrlich und aus tiefstem Herzen verbeugte und für diese kleine Erleichterung ihrer Schmerzen bedankte. Diese Dankbarkeit berührte mich sehr.

Ihr Reichtum bestand darin, keinen Luxus und nicht das Besondere zu brauchen, obwohl sie sich auch darüber freuen und es schätzen konnte. Sie war ausgefüllt vom einfachen Leben, freute sich, wenn sie mit Nachbarn reden, Karten spielen, spazieren gehen oder mit ihren Kindern und Enkelkindern sein konnte. Diese Nähe zum Leben, diese Bodenständigkeit und Einfachheit machten es ihr möglich, sich trotz eines „ harten Lebens", zu dem auch der frühe Tod von Familienmitgliedern gehörte, sich immer wieder des Lebens zu erfreuen. Obwohl schon so alt an Jahren, war sie in ihrem Sein sehr jung und konnte manches in meinem Leben durch ihre Offenheit besser verstehen als Gleichaltrige, die doch schon im Herzen alt und unbeweglich waren. Sie war auf ihre Art und Weise reich, ein verrücktes Huhn und immer wieder durch ihre bodenständige Art eine Herausforderung für ihre Umwelt.

Ein Bekannter hingegen, der finanziell reich ist, lebt wie ein armer Mann, dreht jeden Cent zehnmal um und gibt fast nichts von dem aus, was er verdient und durch zahlreiche Erbschaften bekommen hat. Er ist unverheiratet, ohne Kinder, und hat niemanden, für den er sparen könnte. Im Restaurant hält er Ausschau nach dem billigsten Gericht und nicht nach dem, was ihm schmeckt, überlegt sich aber währenddessen, eine Wohnung in Kitzbühl zu kaufen. Von ihm gehen immer eine große Unruhe und die Angst aus, sein Geld zu verlieren. Er führt das Leben eines armen Mannes und redet ständig vom Geld, als würde nichts anderes in dieser Welt von Bedeutung sein. Er ist äußerlich reich, aber innerlich arm und lebt in völliger Enge. Die vielen Immobilien und anderen Geldanlagen existieren zwar, aber dennoch lebt er in der täglichen Realität mit einem Bewusstsein des Mangels und der Armut. Getrieben von der Angst, zuviel zahlen zu müssen, ist er ständig voller Misstrauen, und so frage ich mich, was er von seinem Reichtum hat, der ihm nicht einmal die Sicherheit, ohne Existenzängste zu sein, geben kann.

Es geht also nicht um die Menge des Geldes. Obwohl mein Mann und ich viel weniger Geld haben als dieser Mann, hatte ich immer das Gefühl, genug zu haben und nichts zu entbehren. Es war immer genau das da, was wir brauchten.

Sich arm oder reich zu fühlen ist also absolut keine Frage des Einkommens. Viele kompensieren auch ihre Überlebensängste mit dem Versuch, Geld anzuhäufen.

Haben wir aber nicht immer wieder erfahren, dass Geld uns wirkliche Sicherheit nicht geben kann? Wenn wir aus Angst am Geld festhalten und uns davon Sicherheit erhoffen, haben wir auf Sand gebaut. Mein Vater sagte immer: Das letzte Hemd hat keine Taschen. Da musste ich schon als Kind lachen. Heute kommt mir dieser Satz immer wieder einmal in den Sinn.

Neulich spürte ich, dass das nicht nur für das letzte Hemd gilt. Egal, was wir momentan besitzen, nichts gehört uns wirklich. Kollektiv gesehen sind wir auf ein getrenntes Ich und auf individuellen Besitz ausgerichtet und uns gar nicht bewusst, dass nichts uns wirklich gehört und wir nur Gast auf Erden sind. Geld will fließen. Es gehört uns nicht. Es kommt und geht wie das Leben und wie alles andere. Es soll uns dienen, aber wir sollten uns nicht zu seinem Sklaven machen.

Es ist nichts Falsches daran, Geld anzulegen, wohlhabend zu sein oder ein Haus zu kaufen. Aber es geht um unsere innere Freiheit, um inneren Reichtum, um die Weite des Herzens. Wir können uns über Geld freuen, brauchen aber weder gierig an ihm festhalten, noch es als etwas Schlechtes ansehen. Geld ist neutral. Es hängt, wie bei allem, davon ab, was wir daraus machen und welche Gefühle und Einstellungen wir daran binden.

Ich finde das Thema Geld sehr interessant und habe in vielen Beratungen beobachtet, dass bei Geldproblemen niemals das Geld das eigentliche Problem war und ist, obwohl es scheinbar so viele Gründe und Erklärungen dafür gibt. Es spiegeln sich hier vielmehr unser innerer Mangel und unsere inneren Konflikte wider.

So haben Menschen, die stark verschuldet sind, oft ein Problem mit unbewussten Schuldgefühlen und dem Nicht-Wertschätzen ihrer Fähigkeiten. Zu unterscheiden ist dabei, ob das Konsumschulden sind, weil sie über ihre Verhältnisse gelebt haben, oder Hypothekenschulden, um ein Haus abzuzahlen, die finanziellen Verhältnisse aber grundsätzlich im Gleichgewicht sind. Manche Menschen mit finanziellen Problemen haben oft Schwierigkeiten mit ihrem eigenen Selbstwert und glauben unbewusst, kein Anrecht auf ein Leben in Fülle und Glück zu haben. Andere von uns wollen immer mehr als sie haben, können Grenzen schlecht anerkennen, fühlen sich nie gesättigt und halten es nicht aus, wenn ihre Wünsche nicht erfüllt werden – kurzum, es fällt ihnen schwer, mit dem zufrieden zu sein, was sie haben.

Oft sind wir auch nicht bereit, den entsprechenden Einsatz zu geben, um uns unsere Wünsche zu erfüllen. Und manchmal wird das, was wir haben, nicht geschätzt, aber das, was wir nicht haben können, – das hat seinen besonderen Reiz.

Wenn wir bestimmt sind von der Angst, emotional oder finanziell zu kurz kommen, erfahren wir natürlich nur Mangel. Alle Situationen werden durch die Brille „Ich komme zu kurz und habe zu wenig“ gesehen.

Haben wir denn wirklich in solchen Momenten zu wenig? Oder erleben wir nur Mangel, weil wir in unseren Erwartungen gefangen sind, dass wir mehr haben müssten, um glücklich zu sein?

Kennen Sie das grundlose, stille Glück? Sie sind glücklich aus sich selbst heraus, auch in einfachen Situationen Ihres Lebens, in der Natur, mit anderen Menschen, absichtslos und nicht erzwungen. Momente, die durch kein Geld der Welt zu bezahlen sind. Nach dieser inneren Fülle und Vollständigkeit suchen wir, aber viele sind sich dessen nicht bewusst.

In der Presse wird immer über die fehlende Konsumbereitschaft geklagt. Das scheint damit zu tun zu haben, dass einige Menschen durch Arbeitslosigkeit, aber auch mit den erhöhten Preisen durch die Euroumstellung weniger Geld zur Verfügung haben. Dennoch gibt es immer noch sehr viel Geld und Reichtum, aber das Geld wird vermehrt zurückgehalten und gespart, – eine Verunsicherung der Verbraucher und eine Angstreaktion auf die wirtschaftliche Entwicklung, wie man uns glauben machen möchte.

Ich beobachte aber auch noch andere Ursachen und Beweggründe. Viele Menschen haben nicht mehr so sehr wie früher das Bedürfnis nach Konsum und nehmen wahr, dass nicht noch eine Reise, ein noch tolleres Auto oder etwas anderes ihnen das ersehnte Glück wirklich schenkt. Gott sei Dank gibt es eine gesunde Sättigung und ein stärkeres Bedürfnis nach dem Wesentlichen. Viele Menschen erzählen, dass sie, obwohl sie genug Geld haben, manches, was ihnen früher notwendig erschien, heute als nicht mehr so wichtig erachten. Sie schauen genauer, was sie wirklich wollen und brauchen, und sind, eher als früher, bereit, für gute Qualität einen höheren Preis zu zahlen. Unser verändertes Konsumverhalten kann also nicht an früheren Zeiten gemessen werden. Es ist nicht nur Ausdruck von Mangel und Angst, sondern auch eine natürliche Reaktion auf Jahre ausgeprägten Konsumverhaltens, in denen einerseits eine gewisse Sättigung erreicht wurde, andererseits die Menschen gewisse Erkenntnisse gewonnen und Entwicklungen durchgemacht haben. Und somit ist der Rückgang des Konsums unter anderem auch eine natürliche Reaktion der Ausgewogenheit und einer größeren inneren Freiheit, im Gegensatz zu der Abhängigkeit von materiellen Dingen.

Andererseits höre ich auch Menschen klagen, dass sie für Dinge, die sie für wichtig halten, kein Geld haben. Zuerst einmal stellt sich für mich die Frage, woher wir wirklich wissen können, ob das, was wir für unser Glück meinen zu brauchen, wirklich wichtig ist. Es könnte genauso sein, dass das für unser Glück unbedeutend ist.

Das Leben selbst ist gerade dann, wenn wir uns auch in finanzieller Hinsicht von Gott und dem Leben bestraft fühlen, unser perfekter Lehrer. Es zeigt uns direkt, was funktioniert und lehrt uns, uns aus dem inneren Gefangen-Sein zu lösen und die Illusion von Mangel zu erkennen. Wenn wir genau hinschauen, liegen unserem Leben weder Mangel noch Irrtum, sondern immer nur Vollkommenheit zu Grunde. Es geschieht immer, was für uns wirklich wichtig ist, und wir erschaffen uns nur Probleme, wenn wir uns gegen das wehren, was das Leben in seiner unendlichen

Weisheit für uns vorsieht. Nichts ist Zufall. Auch in Zeiten, in denen uns weniger Geld zur Verfügung steht, liegt dem eine vollkommene Weisheit zu Grunde. Warum müssen wir uns immer mit dem Schicksal anlegen, weil wir vermuten, dass es uns übervorteilen will, uns vergisst und nicht unser Bestes im Auge hat? Haben Sie nicht oft erfahren, dass manches, was sie anders erwartet hatten und wodurch sie sich enttäuscht und bestraft fühlten, sich im Nachhinein als großes Glück herausgestellt hat? Hat nicht in der Rückschau vieles in Ihrem Leben einen Sinn gehabt, den sie in dem Moment, als es geschah, nicht erkennen konnten, weil Sie so sehr auf Ihre Erwartungen fixiert waren? Aber warum sollen diese Erkenntnisse erst in der Rückschau möglich sein? Wir können uns doch der Vollkommenheit des Lebens bereits *jetzt* anvertrauen.

Nehmen wir einmal an, dass alle unsere Vorstellungen von Glück und Reichtum, von Mangel und dem Leben zu beschränkt sind, um die Vollkommenheit zu erfassen.

Ein Beispiel: Wir wollen in Urlaub fahren, haben aber kein Geld. Bedeutet das automatisch Mangel? Wir erleben Mangel nur, wenn wir an der Vorstellung festhalten, in den Urlaub fahren zu *müssen*, dies aber nicht können. Mangel entsteht erst dann, wenn wir etwas erzwingen wollen, was wir nicht bekommen. Wenn wir aber damit in Frieden und offen für das sind, was wirklich geschehen will, können wir die Fülle wahrnehmen. Die Abhängigkeit von der Erfüllung unserer Wünsche und Vorstellungen engt uns viel mehr ein, als es die Situationen des Lebens selbst tun. Vielleicht ergibt sich ja gerade weil wir zu Hause geblieben sind die

Chance für eine wichtige Begegnung, oder eine andere wichtige Erfahrung oder Erkenntnis.

Ein anderer, sehr wichtiger Punkt, der mir in Verbindung mit finanziellen Schwierigkeiten immer wieder auffällt, ist die unbewusste Ablehnung und Verurteilung der Materie bei spirituell ausgerichteten Menschen, die bei ihrer Suche nach Verfeinerung, nach dem Reinen, dem Göttlichen, die grobstoffliche Welt ablehnen. Hier sind oft unbewusst Glaubenssätze zu finden wie: „Geld und die materielle Welt haben keine Bedeutung und hängen nur mit dem Ego zusammen." „Wenn ich mich der Materie zuwende, habe ich Angst, darin gefangen zu sein." „Das Leben in der Materie ist zäh, hart und mir viel zu anstrengend." „Mich interessiert die Materie nicht, wo ich doch in die Einheit zurück und Gott finden will. Alle großen Meister sagen doch, wir sollen uns von der Anhaftung, von der Abhängigkeit von materiellen Dingen, von Emotionen und Menschen lösen."

Hier ist aber wichtig, genau hinzuschauen und hinzuhören. Niemand sagt, dass wir die äußere Welt verurteilen müssen. Nur von übermäßiger Anhaftung und Abhängigkeiten in Verbindung mit der materiellen Welt gilt es, sich zu lösen. Wir leben in der Materie und haben einen Körper. Das ist die wundervolle Erfahrung, die der Geist in der Materie machen kann. Wenn wir unsere Anhaftungen lösen, können wir die innere Freiheit, das unabhängige stille Glück des DaSeins vernehmen und gleichzeitig mitten in der Materie sein. Es gibt keine Trennung zwischen Spirituell und Materiell. Alles ist Gott, allem liegt dieselbe Essenz, derselbe Atem, Liebe, Nichts, oder wie immer man es nennen mag, zu Grunde. Im Gegenteil, die Ablehnung der Materie aus scheinbar spirituellen Gründen, um Gott näher zu sein, trennt und verhindert das Gewahrsein des EinenSeins. Wenn alles Gottes Schöpfung, unsterbliches Bewusstsein ist, was ist dann nicht göttlich? Nichts.

Öffnen wir unser Herz für alles, was ist. Wollen wir bestimmen und aussortieren, was existieren darf, und was nicht? Die spirituelle und geistige Welt über die Materie zu stellen erzeugt genauso Trennung wie umgekehrt und geht oft mit Arroganz und mangelnder Liebe einher. Das ist Flucht, die erzeugt wird durch die Angst, ganz präsent zu sein und sich dem Leben zu stellen.

Auf der Flucht vor dem Leben zu sein und uns in eine heile Vorstellungswelt zu flüchten, hilft uns wenig. Das, wovor wir flüchten, holt uns immer wieder ein, bestimmt uns und lässt uns nicht frei sein. Lehnen wir die Materie ab, werden wir uns umso mehr damit konfrontiert und davon eingeengt sehen. Die Materie sagt uns: „Schau mich an, ich *bin* doch nur und will dir nichts. Liebe mich und lass mich einfach da sein."

Interessanterweise sind oft Menschen, die die Materie ablehnen, genauso mit Geldthemen beschäftigt wie die, die Geld überwerten und sich dafür verbiegen. Wie kommt das? Weil sie meist zu wenig zu haben scheinen, sich immer mit diesem scheinbaren Mangel auseinandersetzen müssen und sich ihre wirklichen Wünsche und Bedürfnisse nicht eingestehen.

Vor vielen Jahren kam eine Frau zu mir in eine Beratung, weil sie schon seit Jahren Geldprobleme hatte. Sie wusste nicht einmal mehr, wie sie ihre Miete zahlen sollte. Sie arbeitete als Familientherapeutin und Medium. Das war aber zu wenig zum Leben. Ich riet ihr, vorübergehend noch einen anderen Job anzunehmen, um ihren finanziellen Verpflichtungen nachzukommen. Sie wurde sehr ungehalten. Man könne wohl nicht von ihr verlangen, dass sie putzen gehe. (Warum nicht?) Sie würde doch der geistigen Welt dienen. Die sollten sich dann gefälligst auch um genug Kunden für sie kümmern! Scheinbar ging es bei ihr um die Lektion von Demut. Was ist falsch daran, zu putzen, im Garten zu arbeiten oder daran, Menschen zu bedienen?

Natürlich ist ihr Wunsch verständlich, dass sie einer Arbeit, die ihren Fähigkeiten entspricht, nachgehen will. Doch war sie wenig bereit, sich zu bewegen, dafür aber sehr fordernd. Das ist nicht erfolgsversprechend.

Ist diese wundervolle, sehr kraftvolle Frau eine Ausnahme? Wer kennt nicht auch das Gefühl, mehr verdient zu haben, als man bekommt und das selbstverständlich zu fordern? Wer kennt das nicht, sich vom Leben übersehen zu fühlen und darüber wütend wie ein kleines Kind zu sein? Wer kennt nicht Momente von Arroganz, die uns nicht einmal bewusst werden?

Geldprobleme sind auch immer wieder dann zu beobachten, wenn wir zu schnell zu viel wollen und nicht bereit sind, auch die notwendigen Schritte zu tun.

Mir war früher die Materie oft zu langsam und zu zäh. Das Leben erschien mir viel zu hart, als dass ich glaubte, darin bestehen zu können. Hatte ich ein Ziel, hätte ich es am liebsten sofort erreicht, und Geduld mit den kleinen Schritten zu haben, fiel mir sehr schwer. Gleichzeitig erwartete ich eine hohe Perfektion. Am liebsten wäre ich der Härte des Lebens, für meinen Lebensunterhalt sorgen zu müssen, entflohen und hätte mich in eine geborgene heile Welt zurückgezogen. Gott sei Dank funktionierte das nicht. Ich musste mich der „harten kalten Welt" stellen. Welche Gnade, denn das Monster, „die böse harte Welt, in der ein sensibles Wesen wie ich nicht bestehen kann" entpuppte sich nur als die Illusion meiner Ängste, meines inneren GefangenSeins, aus dem ich mich befreite. Heute liebe ich das Leben, den Himmel wie die Erde, die Materie wie den Geist. – Keine Trennung.

Auch eine wichtige Frage, die Sie sich bei Geldproblemen stellen können, ist: Leben Sie Ihre Fähigkeiten? Sind Sie mit Ihrer ganzen Energie und Aufmerksamkeit im Leben, oder fahren Sie mit gebremstem Schaum? Halten Sie Ihre Kraft zurück, weil Sie Angst davor haben, sich zu zeigen? Verstecken Sie sich lieber? Menschen, die ihr Potenzial wirklich leben, ziehen damit auch den Geldfluss an. Es ist interessant zu beobachten, ob wir etwas tun und das Geld fließt von selbst nach, oder ob wir das Geld vor Augen haben und nur etwas tun, um es zu bekommen. Letzteres ist sehr anstrengend und wenig Erfolg versprechend. Es gibt diesen interessanten energetischen Unterschied, das Geld stets vor Augen zu haben, dem jedoch immer einen Schritt hinterherzuhinken, oder zu handeln, zu leben und dabei das Geld von selbst anzuziehen.

Manchmal haben wir deshalb Geldprobleme, weil wir uns aufblasen, uns größer, mächtiger und unabhängiger zeigen wollen als wir sind, um mit den anderen mithalten zu können, oder einer Tendenz zu Selbstüberschätzung oder Größenwahn unterliegen. Da sind dann Geldprobleme kein Wunder. Geld spiegelt uns den Fluss unserer inneren Dynamiken, denn Geld ist, wie alles im Leben, neutral. Wir gestalten unsere Probleme mit dem Geld nur durch unsere individuellen Filter – und diese können heißen: Mangel, Größenwahn, Selbstüberschätzung, Schuld, gebremste Energie, Ohnmacht, Wut, Gier, Existenzangst, Abhängigkeit, Ablehnung von Geld und Materie. Bei der Spiegelfunktion, die Geld für den Fluss von Energien hat, ist auch der Aspekt von Geben und Nehmen ein wichtiger Faktor. Geld wandert von einem zum anderen. Wir nehmen es an, und geben es weiter. So geschieht Austausch. Im weitesten Sinne ist das auch ein Beziehungsfaktor und ein Spiegel unseres täglichen Miteinanders mit anderen Menschen.

Es ist nicht unbedeutend, von wem, wie und wofür wir Geld erhalten. Es ist auch nicht unbedeutend, wem wir Geld zahlen, welche Menschen, welche Energien und Projekte wir durch unser Geld unterstützen. Damit haben wir sehr viel Macht, aber auch eine große Freiheit, und so brauchen wir uns über manche Situationen und Menschen gar nicht aufregen: Sie dürfen sein, wie sie sind. Es bleibt uns die Freiheit, das, was uns nicht entspricht, nicht durch unsere Aufmerksamkeit und unser Geld zu unterstützen. Geben wir ihm einfach nicht unsere Energie! Gehen wir lieber Wege, die nicht der Illusion von Schuldzuweisungen, von Mangel und Abhängigkeit, sondern der Freiheit und der Weite unseres Herzens dienen.

Der freie Fluss von Energie und Geld will sich im Austausch von Geben und Nehmen entfalten. Das kann er jedoch nicht, wenn wir nicht geben und alles nur für uns behalten wollen. Der freie Fluss der Energien ist genauso gebremst, wenn wir zwar gerne geben, aber nicht annehmen können.

Zu geben war mir sehr vertraut, etwas anzunehmen lange Zeit ein Problem. Ich hatte unbewusst Angst, jemandem etwas schuldig zu sein, und wenn ich etwas nahm, hatte ich das Gefühl, das wieder ausgleichen zu müssen. Heute ist das für mich nicht mehr 1:1. Ich gebe, wenn ich geben will, und nehme, wenn ich nehmen will. Ich mache da keine innere Rechnung mehr. Wenn ich nehme, ist das frei, und ich fühle mich zu nichts weiterem verpflichtet. Wenn ich gebe, ist der andere zu nichts verpflichtet.

Das Universum und der Energie- und Geldfluss sind viel weiter und unbeschränkter, als ich es mir jemals vorstellen konnte. Diese unendliche Weite ist nicht mit unserer Vorstellung zu erfassen. Wir bekommen oft dort etwas, wo wir es nicht erwarten, und dort nichts, wo wir es erwarten. Wir geben in einer Situation einem Menschen etwas und erhalten etwas an anderer Stelle. Aber selbst Geben und Nehmen sind nur eine künstliche Trennung unseres Geistes. Mir hat das Geben schon als Kind viel Freude gemacht. Meine Mutter sagte, sie hatte oft das Gefühl, aufpassen zu müssen, dass ich nicht alles weggebe. Ich fühlte mich, genau betrachtet, meist gleichzeitig selbst als die Beschenkte, weil ich mich freute und weil es mir gut tat, anderen helfen oder ihnen eine Freude machen zu können. Ich gab und nahm gleichzeitig. Sie nahmen und gaben mir gleichzeitig etwas zurück. Es war kein heiliges, oder selbstloses Verhalten. Einfach nur ein Fluss.

Ich stelle auch den Spruch *Geben ist seliger als Nehmen* in Frage. Es ist beides gleichwertig und nicht voneinander trennbar.

Das widerspricht, abgesehen von meinen praktischen Erfahrungen, auch meiner Logik. Es kann nicht funktionieren, wenn alle geben und keiner nimmt. Jedenfalls gab ich in der Zeit, in der ich schlecht annehmen konnte, manchmal weder dem Leben noch den Menschen, und damit auch nicht dem Geld, die Chance, einfach zu und mit mir zu fließen. So konnte natürlich wenig zu mir kommen, weil ich angeblich nichts brauchte.

Stattdessen glaubte ich, mir selbst alles hart erkämpfen zu müssen. Ich brauche wohl nicht erwähnen, dass das Leben mit diesen Glaubenssätzen manchmal erschöpfend und frustrierend war. Leichtigkeit kam zu mir, als ich die Gefühle überwand, etwas schuldig zu sein.

In den ersten Jahren meiner Selbstständigkeit begleitete mich das Gefühl, dass die Menschen, die zu mir zu einer Beratung kamen, bei jemand anderem besser aufgehoben wären. Bis mein Mann mich eines Tages fragte, ob ich ernsthaft glauben würde, dass die Qualität meiner Arbeit schlechter sei. Ich solle doch auf die Realität und nicht auf mein überkritisches Geplapper schauen. Ich musste lachen. Er hatte Recht. Ich musste annehmen lernen, dass Menschen zu mir kommen. Heute ist eine Beurteilung meiner Arbeit nicht relevant für mich. Ich habe dazu keine Meinung und gebe nur mein Bestes. Das ist alles.

Beurteilung ist so subjektiv. Wer ist die Autorität? Was für den einen stimmt, stimmt für den anderen noch lange nicht. Unser DaSein ist jenseits davon, gut oder schlecht zu sein. Wir sind! Alles andere ist eine Frage der Interpretation und der Betrachtungsweise.

Zu mir sagte einmal eine Frau, ich dürfe für meine Beratungen und Seminare kein Geld verlangen, weil es eine Gabe Gottes sei, Menschen tief erkennen und gut unterstützen zu können. Wenn wir es überhaupt auf dieser Ebene betrachten wollen, drängt sich die Frage auf, ob es nicht auch eine "Gabe Gottes" ist, wenn jemand als Rechtsanwalt engagiert und erfolgreich arbeitet? Ist es nicht auch eine „Gabe Gottes", wenn jemand das Geschick hat, schmackhaftes Brot zu backen? Ist es nicht auch eine „Gabe Gottes“, wenn ein Unternehmer unternehmerisches Talent mitbringt? Sollen sie deswegen auch alle nicht bezahlt werden? Es kann aber genauso für den einen oder anderen richtig sein, ehrenamtlich zu arbeiten oder auf Spendenbasis. Das muss wirklich jeder selbst wissen!

Die Meinung, menschliche Hilfe müsse kostenlos sein, ist verbreitet. Wer berücksichtigt dabei, dass psychologische und therapeutische Fachkräfte auch ihre Ausbildungen oder ihr Studium machen und ihre Zeit, ihre Fachkenntnisse und Fähigkeiten einsetzen? Aus finanziellen Gesichtspunkten wird erwartet, dass diese Arbeit billig oder sogar kostenlos zur Verfügung steht. Für den Manager eines Unternehmens ist ein hohes Gehalt üblich, für den Leiter einer sozialen Einrichtung hingegen nicht. Besonders im sozialen und religiösen Bereich sind die Glaubenssätze verankert, dass ein „guter Mensch" sein letztes Hemd geben und arm sein muss.

Vor ein paar Jahren war ich bei zwei amerikanischen Seminarleitern. Die Seminargebühr betrug 450 Euro für fünf Tage. Ich empfand das als eine normale Gebühr. Ich hörte, wie manche, selbst die mit einem guten finanziellen Hintergrund, sich über die Höhe der Gebühren aufregten. Als dann auch noch offensichtlich wurde, dass es über 500 Teilnehmer sein würden, wurde daraus eine Gesamteinnahme von über 200.000 Euro errechnet. Das löste bei manchen große Empörung aus. Für mich waren die 450 Euro für die Qualität der Arbeit absolut angemessen. Es war doch unsere Freiheit, uns dort anzumelden! Wie viele Menschen sich anmelden, wie viel Geld damit verdient wird, geht mich nichts an.

In diesem Seminar fragte dann eine Frau die Seminarleiter, was sie mit dem Geld machen würden. Es sei ja wohl klar, dass sie den größten Teil spenden müssten!

Selbst wenn sie keinen Pfennig spenden, bleibt das allein ihre Entscheidung, egal wie wir das finden. Ist es unsere Angelegenheit, das für andere zu entscheiden?

Wenn wir der Meinung sind, bei hohen Einnahmen viel spenden zu müssen, können wir das tun. Das können wir aber genauso, wenn unser Einkommen niedriger ist. Ob die, die das von anderen fordern, es selbst innerhalb ihres Rahmens tun, bleibt offen.

Neulich schaute ich einige Fußballspiele bei der EM an. Ich war tief berührt davon, welche psychische Stärke, welche innere Kraft neben sportlichem Können nötig ist, um diesen Druck, der Erwartung von Millionen von Menschen und ihrer emotionalen Identifizierung mit ihren Leistungen, auszuhalten. Sie bewegen und berühren Millionen von Menschen, werden in den Himmel gehoben und genauso so schnell daraus verstoßen. Welche Herausforderung ist es da, sich von all dem frei zu machen und einfach nur zu spielen!

Wie oft hörte ich in diesem Zusammenhang, dass diese Fußballer völlig überzahlt seien. Ich bin mir da nicht so sicher. Denn es ist kein Zufall, dass das nur wenige schaffen. Darüber hinaus können sie auf diesem hohen Level nur ein paar Jahre spielen. Aber ganz egal. Es ist, wie es ist! Alle Meinungen und Interpretationen sind niemals umfassend genug. Aber wie schnell sind wir mit Beurteilungen bei der Hand.

Ich möchte an dieser Stelle auch noch auf das Thema Steuern zu sprechen kommen. Hier entzünden sich viele Diskussionen. Bleibt, um es auf den Punkt zu bringen, nicht immer das Gefühl, dass der „blöde Staat“ uns das Geld aus der Tasche zieht? Da arbeiten wir, erwirtschaften Geld und müssen so viel davon wieder abgeben. Schauen wir doch einmal genauer hin: Mit diesem Geld wurden die Straßen gebaut, auf denen wir tagtäglich fahren, und auch die Schulen, in die wir gegangen sind. Vieles, was wir selbstverständlich benutzen, wurde durch einen Teil des Geldes, das wir als Steuern gezahlt haben, geschaffen. Ob das Geld immer so eingesetzt und verwendet wird, wie wir es uns wünschen, steht allerdings auf einem anderen Blatt. Können wir aber immer umfassend beurteilen, ob es sinnvoll eingesetzt wird?

In diesem Land leben viele Menschen. Vielleicht ist manches, was uns selbst nicht sinnvoll erscheint, für andere Bürger wichtig und sie können davon profitieren. Das Gefühl, dass uns selbst zu wenig bleibt, wird auch dadurch verursacht, dass so viel Geld in das Gemeinwohl fließt und nicht direkt nachvollziehbar ist, was wirklich mit dem Geld geschieht. Viel Geld für das Gemeinwohl zu zahlen, sodass für individuelle Belange wenig bleibt, nimmt dem Einzelnen Motivation.

Ich setze bei dem an, was Realität ist. Ich habe keinen direkten Einfluss darauf, die Höhe der Steuern zu verändern. Unreflektiert betrachtet, scheint uns immer nur das Geld aus der Tasche gezogen zu werden, aber wenn ich die Situation aus einem anderen Bewusstsein sehe, wird sichtbar, dass wir dafür auch einiges erhalten. Wir haben die Möglichkeit wahrzunehmen, dass Steuern zu zahlen nicht nur bedeutet, weniger Geld zu haben, sondern dass wir dafür auch Leistungen erhalten, wofür ich oben ja einige Beispiele genannt habe.

Es ist aber nicht nur wichtig, mit welchem Bewusstsein wir Steuern, Geld oder unser Leben betrachten, sondern auch, welchen Stellenwert unsere Arbeit hat. Was bedeutet sie uns? Soll sie Spaß machen? Oder muss sie einfach nur erledigt werden?

Kürzlich erzählte mir ein Rentner, dass für ihn in seinem Leben nur wichtig war, genug Geld zu verdienen, um sich und seine Familie zu ernähren. Für ihn war nie von Bedeutung, ob sein Beruf Spaß macht. Spaß gehörte für ihn nur in die Freizeit. Durch die Arbeit hat er sich die meiste Zeit hindurchgequält.

Natürlich ist Arbeit nicht immer nur Freude. Manchmal müssen wir auch Arbeiten erledigen, die uns nicht entzücken. Wenn wir Arbeit aber nur als ein notwendiges Übel ansehen, kann das sehr traurig sein, denn wir verbringen mehr Zeit bei der Arbeit als mit Freizeit.

Manchmal arbeite ich sehr viel. Vieles erlebe ich aber nicht als Arbeit, weil ich sie gerne tue und es mir ein Bedürfnis ist. Mit dem Schreiben der Bücher zum Beispiel bin ich bis jetzt noch nicht reich geworden, aber sie flossen aus mir heraus und machten mir viel Freude, – einfach nur um des Tuns willen.

Wir können natürlich nicht immer nur nach dem Lust- und Laune-Prinzip arbeiten. Selbst bei einer Arbeit, die uns sehr entspricht, gibt es Momente, in denen unser Durchhaltevermögen gefragt ist und wir einmal unmotiviert sind. Auch eine Arbeit, die nicht unserem Traumjob entspricht, können wir mit Engagement tun. Es bleibt dieselbe Zeit und dieselbe Arbeit. Warum denn resignieren und uns gegen die Arbeit sträuben, nur weil wir glauben, etwas Besseres verdient zu haben? Wir können diese Zeit freudvoller verbringen, wenn wir Ja zu unserer Arbeit sagen. Wenn das nicht möglich ist, sollten wir uns etwas anderes suchen. Das Leben ist das Leben, und es ist, wie es ist! Was haben wir von, – „hätte ich“, – „eigentlich“, – und von „Wenn und Aber“? Es ist sinnvoll, unser Bestmögliches zu geben. Dann arbeiten wir erfolgreicher und effektiver. Wir sind dann viel zufriedener und helfen damit nicht nur dem Arbeitgeber und dem Kunden, sondern auch uns selbst.

Selbst aus wirtschaftlicher Sicht gesehen, ist die Wahrscheinlichkeit eines finanziellen Erfolgs größer, wenn wir unsere Arbeit gerne tun, weil die Energie, wenn wir etwas mit Begeisterung tun, eine völlig andere ist.

Vor einiger Zeit habe ich ein zehntägiges Ferienseminar in einem gehobenen Hotel gegeben. Eine wundervolle Zeit. Nicht zuletzt auch, weil Personal wie Hotelleitung sehr herzlich und professionell waren. Obwohl es kein Seminarhotel war, waren sie sehr offen für uns, die eher „ungewöhnlicheren Gäste“. Ich kam mehrmals mit der Direktorin ins Gespräch, wobei wir auch auf die wirtschaftliche Situation zu sprechen kamen. Sie sagte, das Hotel sei sehr lange im Voraus ausgebucht und sie könne die negative Stimmung vieler Unternehmer nicht nachvollziehen. Die ganze Jammerei sei einfach nur destruktiv und ändere nichts. Auch heute sei mit Freude an der Arbeit, großem Engagement und Professionalität sehr viel möglich.

Dasselbe beobachte ich schon seid längerem. Einige Menschen sind gerade in dieser Zeit sehr erfolgreich, ihre Arbeit boomt und das auch in Bereichen, in denen andere große Einbrüche zu verzeichnen haben.

Mit meinem Forschergeist schaute ich mir das alles einmal genauer an. Die Menschen, die in diesen Zeiten sehr erfolgreich sind, fielen mir durch ihre Ausgewogenheit und Klarheit, durch ihr Engagement und ihre Ehrlichkeit auf. Sie schienen auch weniger als andere von Mangel und Angstdenken, von Pessimismus und ständiger Sorge um das Geld getrieben zu sein. Mit Halbheiten, Unklarheit in der Motivation, Pessimismus und Angst scheint immer weniger möglich zu sein.

In diesem Zusammenhang fällt mir der Dienstleistungsbereich auf, wo oft viel Geld für eine Leistung gefordert wird, die schlecht und widerwillig erbracht wurde. Sehr schnell wird einem das Gefühl vermittelt, lästig zu sein, wenn man zum Beispiel etwas genauer wissen möchte und nachfragt. So wundert es mich nicht, dass manche dieser Betriebe schließen müssen – grenzt es nicht sogar an ein Wunder, dass sie sich so lange Zeit haben halten können? Das, was zu Zeiten der Wirtschaftsblüte noch möglich war, ist jetzt eben nicht mehr möglich! Aber das ist auch eine Chance – die Chance, endlich wach zu werden und mit Engagement neu zu beginnen. Wenn wir widerwillig arbeiten, sind wir auch selten mit uns, unserer Arbeit und unserem Leben zufrieden. Was können wir also verlieren, was wir nicht durch mehr Zufriedenheit und Engagement gewinnen könnten?

Es ist natürlich auch wichtig, dass wir als Kunde gute und engagierte Arbeit zu schätzen wissen und diese gerne angemessen honorieren. Denn wie können wir erwarten, dass auch unsere Arbeit geschätzt wird, wenn wir das umgekehrt bei anderen nicht tun, sondern immer nur meckern, statt auch einmal zu loben, wenn es zum Beispiel im Restaurant gut geschmeckt hat.

Zusammenfassend lassen Sie doch bitte die folgenden Fragen auf sich wirken:

- Erwarten wir manchmal, dass wir mehr verdienen, obwohl wir unsere Arbeit widerwillig tun?
- Geben wir ungern Geld, weil wir glauben, der andere habe es nicht verdient?
- Achten wir die Leistungen anderer Menschen?
- Kompensieren wir unsere Existenz- und Lebensängste mit Geld?
- Welche Emotionen und Vorstellungen verknüpfen wir mit Geld?
- Machen wir unser Glück davon abhängig?
- Glauben wir, dass unser Leben besser wäre, wenn wir mehr Geld hätten?
- Haben wir das Gefühl, nie genug zu haben?
- Verurteilen wir Menschen mit viel Geld?
- Urteilen wir über Menschen, die wenig Geld haben und stellen uns über sie?
- Halten wir am Geld fest?

Auch unsere Wirtschaft blüht, wenn Geld fließt, wenn wir gerne geben, wenn wir die Leistungen anderer honorieren und unser Beitrag anerkannt wird. Aber das liegt nicht nur in der Hand von Politikern und Wirtschaftsbossen, sondern auch in unserer! Finanzieller Erfolg ist, genauso wie ständiger Geldmangel, kein Zufall. So kann es Sinn machen, uns vom Mangelbewusstsein zu verabschieden und den Reichtum in unserem menschlichen DaSein zu erkennen. Besinnen wir uns auf die Vollständigkeit und den inneren Reichtum, die unabhängig von allem äußeren Reichtum bereits in uns allen ruhen. – Jetzt, – Hier!

☆☆☆

Unser Land, unsere Wurzeln

Wir sind mit den politischen und gesellschaftlichen Geschehnissen und Veränderungen in unserem Land sehr beschäftigt. Selten war unsere Aufmerksamkeit, trotz größerer außenpolitischer Turbulenzen, so sehr auf innenpolitische Aspekte ausgerichtet. Die wirtschaftliche Situation fordert uns auf, uns mit den Möglichkeiten und Schwierigkeiten unseres Landes auseinanderzusetzen, und unser Blick wird damit verstärkt auf das Land und seine Menschen gerichtet. Lassen Sie uns die Einstellungen und Gefühle, die wir unserem Land entgegenbringen, einmal näher betrachten.

Durch die Vergangenheit belastet, scheint es für viele Menschen schwierig zu sein, sich mit Deutschland verbunden zu fühlen. Eine Liebe für dieses Land und seine Menschen zu empfinden und auszudrücken, ist meistens mit Scham besetzt. Ist es nicht Zeit, dass wir diesem Land wieder verbunden sein dürfen? Das muss doch nicht negativ behaftet sein und nicht gleich in die Schublade „rechtsradikal“ oder „nationalistisch“ eingeordnet werden. Warum müssen wir dieses Land abwerten und uns kollektiv für die Vergangenheit schuldig fühlen? Das hilft niemandem. Es ist wichtig, unser Land mit seinem Potenzial und seinen Qualitäten zu schätzen, und es wird Zeit, dass es keinen negativen Beigeschmack mehr hat, unser Land zu lieben und gerne hier zu leben. Es muss doch möglich sein, dass diese Gefühle von Schuld einmal ein Ende nehmen!

Es geht nicht darum, für oder gegen manche Menschen auf Grund ihrer Herkunft zu sein, sondern ihnen frei und offen, mit aller Anerkennung und Kritik, jenseits von Schuld, zu begegnen. Die alten Zeiten sind vorbei, wir müssen uns nicht dafür entschuldigen, Deutsche zu sein und können ein natürliches Selbstbewusstsein entwickeln. Natürlich gilt es nicht die Vergangenheit zu verdrängen, sondern aus dem unsagbaren Leid zu lernen und wachsamer und sensibler zu werden. Trotzdem haben wir ein natürliches Recht darauf, dieses Land zu lieben. Was ist an diesem Land falsch? Es kritisch betrachten – Ja – Genau hinschauen – Ja –, und dennoch können wir, ohne eng und fanatisch zu werden, in einer stillen Verbundenheit mit unserem Land sein.

Uns weiter schuldig zu fühlen, macht die Vergangenheit nicht ungeschehen und erzeugt nur neues Leid. Es scheint hier schon fast verwerflich zu sein, das Wort *Deutschland* in den Mund zu nehmen.

Wenn Sie Lust auf ein Experiment haben, sagen Sie einfach ein paar Mal vor sich hin: Deutschland – Deutschland – Deutschland – Schauen Sie, was passiert. Achten Sie, ohne etwas bezwecken oder erzwingen zu wollen, auf Ihre Gedanken, Gefühle und Wahrnehmungen.

Als ich mit dem Buch zu schreiben begann, kam mir, ohne dass ich darüber nachgedacht hatte, der Titel „Nur Mut, Deutschland!“ in den Sinn.

Wie reagieren Sie auf diese Worte? Als ich einigen Menschen davon erzählte, war ich äußerst überrascht, welche Reaktionen und Emotionen mit diesen Worten ausgelöst wurden. Es war, als hätte ich eine Bombe gelegt, die niemanden unberührt ließ. Eine Freundin sagte sofort zu mir: „Das kannst du auf keinen Fall machen. Das hört sich ja wie ein Nazischlachtruf an. Wenn ich dich nicht kennen würde und genau wüsste, wie weit entfernt du davon bist, wäre ich entsetzt."

Ich antwortete: „Wieso? Ich finde, dass wir mehr Mut und Elan in diesem Lande gebrauchen können. Daran möchte ich erinnern."

Sie antwortete: „Ja, das finde ich auch, aber trotzdem ist dieser Titel eine Katastrophe."

Eine andere Bekannte sagte zu mir:

„Du kannst keinen Titel mit dem Wort *Deutschland* nehmen. Das musst du umschreiben."

Eine weitere Reaktion war, in anderer Hinsicht, ebenso intensiv und emotional: „Das ist super. Endlich jemand, der sich traut, diese Worte in den Mund zu nehmen. Das Wort *Deutschland* und ein Gefühl der Verbundenheit darf hier doch nur in Verbindung mit Sport, Fußballweltmeisterschaften oder ähnlichen Ereignissen ausgedrückt werden."

Mamma Mia – welche Reaktionen! Interessant und inspirierend. Für mich sind das neutrale Worte. Nur drei Worte

- Nur Mut, Deutschland - !!!

Das ist alles, was ich sagen wollte – und dann solche Reaktionen. Wenn in Spanien „Viva Espana", in Frankreich „Vive la France" gerufen wird, sagt niemand etwas. In

Deutschland hingegen ist es fast unvorstellbar, „Es lebe Deutschland“ zu rufen. Das zu rufen wäre auch für mich sehr befremdlich.

Natürlich sind wir nicht vorrangig Deutsche, Amerikaner, Italiener, Spanier oder Asiaten, sondern Menschen dieser Welt mit allen Stärken und Schwächen. Egal, in welchem Land wir leben, unsere Gemeinsamkeit ist es, Mensch zu sein. Wir haben alle Herausforderungen, so unterschiedlich sie auch sein mögen, zu bewältigen. Es ist weder ein Verdienst noch eine Schuld, in einem bestimmten Land geboren und aufgewachsen zu sein. Egal, wie unterschiedlich wir Menschen in unseren Lebensstrukturen und Denkweisen sind, wir alle kennen Gefühle wie Liebe, Freude, Wut, Neid, Traurigkeit, Einsamkeit und Glück. Die grundlegenden Lebensthemen sind bei allen ähnlich. Wir sind Menschen. Dass wir Deutsche sind, ist nichts, worauf wir uns etwas einbilden, aber auch nichts, wofür wir uns schämen sollten, denn dieses Land ist wie unsere Familien und Vorfahren ein Teil unserer Wurzeln. Ohne unsere Wurzeln zu vergessen, können wir von den verschiedenartigen Ausdrucksweisen anderer Völker lernen und uns bereichern lassen.

Die Schönheit und das Potenzial unseres Landes zu sehen, ist also sehr wichtig. Unser Land mit Wohlwollen und Liebe zu betrachten, hat nichts damit zu tun, uns besser als andere Länder zu bewerten. Jedes Land hat seine Qualitäten, genau wie seine Problematiken. Auch innerhalb unserer Gesellschaft geht es nicht um eine Bewertung von Menschen und deren Lebensweisen. Wir sollten die

Vielfalt der Möglichkeiten und den Wert verschiedenartigster Ausdrucksformen schätzen. Wie wir die Welt betrachten, hat mit unseren Prägungen zu tun. Jeder sieht die Welt aus dem Blickwinkel seiner kulturellen und persönlichen Prägung.

Sind zum Beispiel Länder, die wirtschaftlich nicht gut dastehen und keine zentrale Bedeutung in der Welt haben, schlechter? Haben wir wirklich das bessere Leben? Woher können wir wissen, was für andere, was für die Welt richtig und passend ist? Wir können schauen, welche Gesetzmäßigkeiten für uns gelten und was in unserem Land sinnvoll ist. Bedeuten aber wirtschaftliches Wachstum und Fortschritt automatisch ein besseres Leben? Bedeutet es, dass wir automatisch glücklicher und weiser sind? Auf wirtschaftlicher Ebene sind wir sicherlich weiter entwickelt als die meisten Länder dieser Welt. Aber ob das Erreichen dieser wirtschaftlichen Entwicklungsstufe immer und für alle das Beste ist, bleibt offen. Es sollte sich niemand anmaßen zu glauben, ein Patentrezept für alle Menschen der Welt zu haben. Es gibt die Freiheit eines jeden Landes, eines jeden Menschen und die Weisheit jedes Lebensweges.

Uns auf unsere Wurzeln zu besinnen, kann uns verbinden und stärken. Sträuben wir uns doch weniger gegen dieses Land und gegen seine gegenwärtige wirtschaftliche Situation! Rücken wir doch zusammen und suchen wir gemeinsam nach Möglichkeiten! Wir sitzen alle in einem Boot, wir teilen alle die wirtschaftlichen Veränderungen und sind alle mehr oder weniger davon betroffen.

Immer wieder lässt sich beobachten, dass gerade dann, wenn Menschen erschüttert und aufs Tiefste herausgefordert sind, sie ihr hohes Ross verlassen und sich offenen Herzens begegnen können. Wir haben wohl das gemeinsame Anliegen eines wirtschaftlich florierenden und vor allen Dingen friedlichen Landes. Das verbindet uns, und wir können aus den gemeinsamen Wurzeln Kraft schöpfen. Wenn wir unsere Kraft nicht in sinnloser Kritik und hoffnungslosem Pessimismus vergeuden, werden wir erkennen, dass uns mehr verbindet als nur das Streben nach Wohlstand und Leistung – und viel mehr als das, was uns als Arbeitnehmer, Arbeitgeber, Politiker, Wähler, Arbeitsloser, als Anhänger unterschiedlicher Parteien oder Glaubensrichtungen trennt. Wir können zu unserer Meinung stehen und gleichzeitig die Sichtweisen anderer akzeptieren. Schauen wir mehr auf das, was uns verbindet, als auf das, was uns trennt. Ein gemeinsamer Wunsch von uns allen ist es doch, in Frieden, Freiheit und Wohlstand zu leben. Das sind elementare und äußerst starke Kräfte.

In anderen Ländern sind die Menschen stolz auf ihr Land und spüren eine tiefe Verbundenheit. Was sich bei manchen Menschen in übertriebenem Nationalstolz als Arroganz und Desinteresse an anderen Ländern und Kulturen äußert, kann, im gesunden Gleichgewicht gelebt, stärkend und nährend sein. Eine Verbundenheit mit unseren Wurzeln zu fühlen, kann uns beflügeln und muss nicht gleichzeitig eine Abwertung der Menschen anderer Länder bedeuten.

Was hat aber unsere wirtschaftliche Situation mit unserer Einstellung und den Gefühlen, die wir unserem Land und den Mitbürgern gegenüber hegen, zu tun? Sehr viel. Denn wie können wir mit Engagement etwas bewegen und ändern, wenn wir dieses Land nicht mögen und uns mit mangelndem Selbstbewusstsein, Kritik und Abwertung aufhalten?

Außer übertriebenem Nationalstolz auf der einen oder der Abwertung unseres Landes auf der anderen Seite gibt es doch noch eine breite Palette anderer Möglichkeiten. Die Härte der Kritik der Deutschen ihrem Land gegenüber ist unvergleichlich, genauso wie die pessimistische und nörgelnde Haltung. Aber diese innere Einstellung ist nicht nur im Hinblick auf die wirtschaftliche und politische Situation zu beobachten. Wir sind so sehr daran gewöhnt, auf das zu schauen, was *nicht* perfekt zu sein scheint, dass wir dabei vergessen, uns des Lebens und unseres Daseins zu erfreuen. Das Leben scheint dabei meist eine Bürde zu sein. Immer ist irgendetwas nicht richtig, weil wir etwas anderes erwartet haben. Wer aber weiß, ob nicht alles, wie es ist, genau so ist, wie es sein soll? Wo bleibt eine gesunde Demut dem Leben gegenüber? Wenn die Welt, die Menschen und unser Leben nicht so sind, wie wir es erwarten, sind wir von Unzufriedenheit, Wut und Enttäuschung getrieben. Aber wenn wir unsere Kraft nicht mehr in unnötigen Anstrengungen vergeuden, die Menschen, einschließlich uns selbst, so zu verbiegen, wie wir unseren Erwartungen entsprechend sein sollten, kehrt Frieden ein. Die stille Akzeptanz einer größeren Weisheit, die die Geschicke lenkt, geschieht.

Es ist für viele Menschen oft schon verdächtig, wenn man in Frieden und einfach glücklich in dieser Welt ist und nicht gerade irgendein Problem kreiert. Ist das Ausdruck mangelnder Tiefe, von Oberflächlichkeit, oder sind das nur Glückskinder, die von der Härte des Lebens verschont bleiben? Ist das Leben denn immer nur hart? Es geht einzig darum, ob wir immer wieder aus einfachen natürlichen Lebensabläufen Dramen kreieren und Probleme in etwas sehen, wo gar keine sind. Probleme liegen nicht in den Situationen und Geschehnissen an sich begründet, sondern in uns selbst. Sie werden durch unsere Erwartungen und die emotionalen und geistigen Beschränkungen erzeugt, und manchmal erscheint es dann sogar, als würde unser Lebensglück davon abhängen. Dabei ruht stilles ewiges Glück unabhängig und frei in aller Vollständigkeit immer in uns.

Immer wieder möchte ich betonen, dass es nur Probleme gibt, wenn wir uns gegen den Fluss des Lebens sträuben, seine tiefe Weisheit nicht erkennen und die Geschehnisse nicht akzeptieren wollen. Das Dasein ist, wie es ist! Unsere Situation ist, wie sie ist!

Es gibt Herausforderungen, stimmt – aber sind das Probleme? Wo sind unser Selbstvertrauen und unser Optimismus? – Aber es geht nicht einmal um Optimismus oder Pessimismus, sondern um Zufriedenheit und eine gesunde „Neutralität", der Liebe und Wohlwollen zu Grunde liegen. Wir können doch unsere Situation annehmen und schauen, was sich entwickelt. Das muss nicht heißen, unsere Hände in den Schoß zu legen und selbstgefällig keine

Veränderungen und Verbesserungen vorzunehmen. Hurra, auf zu neuen Ufern! Ist das Leben nicht spannend? Immer wieder neue Erfahrungen und neue Erkenntnisse!, sowie die Gnade, zu lernen, in uns zu ruhen und uns aus unserem GefangenSein, aus unseren Ängsten und Beschränkungen zu befreien. Es ist möglich, in Frieden und Glück zu leben und keine Frage, ob das „Schicksal dich vergisst oder es weniger gut mit dir als mit anderen meint". Wir sind keine Opfer eines Leidensschicksals. Wir sind frei.

Und so ergibt sich die Frage: Woher kommen diese Nörgeleien und das ewige Zweifeln? Nach einigen schrecklichen Jahren des Nationalsozialismus, der durch Selbstverherrlichung und unbeschreibliche Unmenschlichkeit die Zerstörung der als minderwertig angesehenen Menschen, Rassen und Länder zum Ziel hatte, folgten natürlicherweise tiefe Scham und Gefühle von Schuld. Wir fielen, Gott sei Dank, vom Sockel und mussten die Erniedrigung, die durch unsere Taten geschehen war, selbst erfahren. Vielleicht suchten wir unbewusst den Ausgleich durch Sühne, durch Annehmen und Tragen dieser tief empfundenen Schuld. Menschen dieses Landes hatten sich selbst erhöht und andere erniedrigt, bis wir selbst erniedrigt wurden und tief fielen.

Aber nach meinem Empfinden ist die Zeit von Schuld und Sühne, wenn man es denn so sehen und nennen mag, vorbei. Seit einiger Zeit ist eine Veränderung, eine Befreiung, sichtbar, was auch in den außenpolitischen Geschehnissen zu beobachten ist. Uns abhängig und klein zu machen, ist auf Dauer genau so ungesund und leidbringend, wie uns über andere zu erheben. Die Spiele um Macht, um Oben und Unten, Aufwertung und Erniedrigung bringen nur Schmerz und Kampf. Haben wir vielleicht Angst, wenn wir die Selbstabwertung und die Schuldthematik verlassen, wieder überheblich zu werden und unsere Macht zu missbrauchen?

Jenseits der Extreme gibt es aber eine natürliche Macht und Kraft. Ich glaube, wir sind reif für ein natürliches ausgewogenes Selbstbewusstsein, mit dem wir die Stärken sowie die Schwächen anderer Länder, einschließlich unseres eigenen Landes, akzeptieren können, was nicht bedeutet, alles gut heißen und immer derselben Meinung sein zu müssen. Die Zeit ist reif dafür, unsere Altlasten nicht nur im Privaten, sondern auch in Verbindung mit unserem Land hinter uns zu lassen, – wie sonst sollen wir genug Elan und Durchhaltvermögen haben, um den Herausforderungen in unserem Land und in der Welt zu begegnen?

In meiner Jugend mochte ich Deutschland nicht. Es erschien mir bieder und unlebendig und als fehle es den Menschen an Mut und Lebenslust. Aus meiner jugendlichen Sicht betrachtet lebten hier nur von Sicherheitsdenken geprägte, eingefahrene „Spießer“, und so wollte ich aus diesem Land fort, weil mich „lebendigere“ Länder faszinierten und mich das Sicherheitsstreben und das Ernste hier abschreckten. Deutschland mit seinen Schönheiten und Menschen zu akzeptieren, – davon war ich weit entfernt. Je mehr ich jedoch andere Länder bereiste, desto mehr erkannte ich die Qualitäten und Möglichkeiten dieses Landes und seiner Menschen.

Gerade im Ausland konnte ich zum Beispiel die Vorteile der von mir kritisierten deutschen Zuverlässigkeit, Genauigkeit und Ernsthaftigkeit erkennen.

Heute lebe ich gerne hier. Mein Blickwinkel ist nicht mehr darauf ausgerichtet, was in Deutschland alles fehlt und falsch ist. Vieles, was ich früher als negativ bewertet habe, lernte ich, mit anderen Augen zu betrachten. Dazu gehört auch die Ernsthaftigkeit, die mich einst gestört hat, deren Vorteile ich aber heute erkenne – den Dingen auf den Grund zu gehen und sie nicht nur oberflächlich zu betrachten. So hat alles seine zwei Seiten und verlangt nach Ausgewogenheit.

Durch meinen Beruf bin ich in verschiedenen Gegenden Deutschlands unterwegs. Es ist sehr interessant und bereichernd, die Bundesländer, Städte, die unterschiedlichen Landschaften und die verschiedenen Mentalitäten der Menschen zu erfahren. Meine Eltern sagten früher zu mir: „Warum reist du immer in die Ferne, du kennst ja nicht einmal Deutschland, das so viel zu bieten hat?" Und ich verdrehte die Augen! Für mich war es sehr wichtig, andere Länder, ihre Sitten und Gebräuche, ihre Art zu leben und zu denken kennen zu lernen. Das erweiterte meinen Horizont und brachte mich auch wieder auf den Boden der Realität zurück. Ich erkannte, dass es kein Land gibt, in dem alles besser ist, dass alle Länder ihre Vor- und Nachteile, – einfach ihre Eigenarten – haben. Ich glaube, meine Unzufriedenheit mit Deutschland entsprang viel mehr dem

Wunsch nach dem perfekten Land, der perfekten Welt, dem perfekten Glück. – Es war wohl die Sehnsucht nach dem Paradies, nach ewiger Liebe und ewigem Glück, und letztendlich eine innere Reise, eine innere Suche. Und so begriff ich allmählich, dass es Zeit war, mein Glück selbst in die Hand zu nehmen, weil es nie das perfekte Land, die perfekten Eltern und den perfekten Menschen nach meinen Wünschen geben würde. Alles waren nur Vorstellungen und Illusionen. Stattdessen, wie wohltuend, – war ich angekommen in der Realität. Warum noch anderen die Schuld geben und auf die perfekten Umstände warten? Ich lernte, das Leben anzunehmen und vor allem genauer hinzuschauen. „Warum in die Ferne schweifen, denn das Glück ist oft so nah?" Das trägt viel Weisheit in sich. Wie oft erkennen wir nicht das Gold vor unseren Füssen, in uns, unserem Partner oder unseren Kindern, weil wir es nur in der Ferne suchen und uns das Jetzt nicht glänzend und großartig genug erscheint. Hören wir doch auf damit!

Als ich Anfang zwanzig war, zogen mein Mann und ich aus beruflichen Gründen vom Ruhrgebiet, wo ich aufgewachsen war, nach Bayern. Ich wollte nie nach Bayern, schienen mir die Bayern doch zu konservativ und nationalbewusst. Ich wäre lieber ins Ausland gegangen, – bloß nicht ins „biedere" Bayern.

Inzwischen fühle ich mich hier sehr wohl und zu Hause, gerade hier habe ich viel über die Liebe zum dem Land, in dem wir leben, und seine Traditionen gelernt. In der Regel sind die Bayern stolz darauf, Bayern zu sein und lieben ihr Land. Das kannte ich vom Ruhrgebiet so nicht. Zuerst fiel mir die „Landesliebe“ in Bayern unangenehm in den verschiedenartigsten Anflügen bayerischer Arroganz auf, von sogenannten „ Preußenwitzen“, die ich anfangs viel zu ernst nahm, ganz zu schweigen. Bayerisches Brauchtum, alpenländische Musik, Trachten – oh wie altmodisch und peinlich! Doch mit unbeirrbarem bayerischem Charme und bodenständiger Hartnäckigkeit wurden meine Vorurteile so langsam aufgeweicht. Plötzlich eröffnete sich mir auch die Schönheit mancher Traditionen und Brauchtümer. Wenn sie offen gelebt werden, können sie auch Zusammenhalt, Orientierung, Menschlichkeit und Verbindung mit den Wurzeln, mit anderen Menschen und unserem Land, sowie Gefühle von Getragen- und Geborgensein erzeugen. Wundervolle Vielfalt im Leben! Altes und Neues, Tradition und Erneuerung, das Leben und Erfahren unterschiedlicher Aspekte! Und so geht es immer weniger um das „Entweder – Oder“ und um Trennung, sondern vielmehr um ein „und“, um Verbindung. Mal genieße ich einen bayerischen Zitherabend, dann südamerikanische Rhythmen und wilde Tänze. – Inzwischen schätze ich die bayerischen Berge, in denen mein Mann und ich leben, genauso wie andere, ferne Länder.

Warum sollen wir für unser Land und unsere Kultur nicht genauso offen und begeisterungsfähig sein wie für andere Länder und Mentalitäten? Es gilt weder an Deutschland, seiner Wirtschaft und seinen Menschen ständig herumzunörgeln, noch sie künstlich aufzupolieren und die Fahnen zu hoch zu halten. Es ist die Weite des Herzens, die Befreiung und Lösung bringt. So spielt Liebe, auch wenn dies mehr nach einem Thema für ein Beziehungsbuch klingt, auch in Verbindung mit unserem Land und unserem Leben eine nicht zu unterschätzende Rolle. Wohlwollen und Liebe öffnen so manche Tür und lassen uns vieles bewegen, was wir aus der Enge der Gedanken und unserer Ängste niemals tun könnten.

Also, wie sieht es bei Ihnen aus? Geben Sie sich, uns allen und diesem Land eine Chance! Stellen Sie einmal die ganzen Dramen, Nörgeleinen, Schwarzmalerein und Probleme in Frage und lernen Sie, dieses Land zu schätzen.

☆☆☆

Die Grenzen alter Überzeugungen sprengen

Vieles, das die Welt in Bewegung gesetzt hat, u. a. viele Erfindungen, konnten nur geschehen, weil Menschen Ideen jenseits der üblichen Bahnen des Denkens zugelassen haben. Also scheinen Entwicklung und Erneuerung auch von der Fähigkeit abhängig zu sein, bereits vorgegebene und bekannte Strukturen und Wege hinter sich zu lassen. Das heißt auch, dass wir uns der Grenzen unseres Denkens, der Beschränkung und Relativität unserer kollektiven Vorstellungen von der Welt und den Dingen bewusst sein müssen.

Meist halten wir unsere Sichtweise der Welt für wahr und berücksichtigen dabei nicht, dass das immer nur unser gefärbter Ausschnitt und somit eine relative und subjektive Betrachtung ist. Das wird auch dadurch sichtbar, dass selbst unsere eigene Brille, durch die wir die Welt betrachten, ständig wechselt. Kollektiv gibt es auch bestimmte Vorstellungen von der Welt, die, nur weil alle an sie glauben, für uns zu Gesetzmäßigkeiten geworden sind, die keiner mehr hinterfragt. Nichts ist absolut. Keine Autorität ist absolut.

In mir hat sich schon immer alles gesträubt, wenn Menschen ihre Sichtweisen, Methoden, Religionen oder Erfindungen als das einzig Richtige und Heilbringende dargestellt haben. Es gibt nicht „das einzig Richtige", denn alles stellt immer nur eine Möglichkeit dar und wir halten Dinge für wahr, die nicht die *einzige* Wahrheit sind. Das ist kein Problem, wenn wir uns dessen bewusst sind.

Dann ist ein Spiel, das mit einer gewissen Ernsthaftigkeit gespielt wird. Ein Problem taucht nur dann auf, wenn wir uns der Relativität und auch der Berechtigung aller Dinge nicht bewusst sind und uns an das klammern, was wir für wahrer und besser halten. Dann beginnen wir, uns daran festhalten, es zu verteidigen, alles andere abzuwerten, andere überzeugen zu wollen und ihre (andere) Meinung als Irrtum und Bedrohung anzusehen. Wir sind dann traurig, enttäuscht, wütend und unsicher, wenn wir „das einzig Richtige“ bedroht sehen, es vom Leben nicht erhalten und andere unsere Meinung nicht teilen. Das erzeugt Enge, Schmerz und Kampf.

Wenn es um die Suche nach dem Absoluten geht, so ist dieses nur jenseits und hinter der Form, in der Essenz allen Seins, zu finden. Je tiefer ich in die Essenz und in die Erfahrung, in der Materie zu sein, eintauche, desto stärker bemerke ich, wie weise dieser Ausspruch von Sokrates ist. „Ich weiß, dass ich nichts weiß.“ Nichts wirklich zu wissen, trifft auf uns alle zu. Es scheint uns zunächst alles zu nehmen, schenkt uns aber die Freiheit, für alles offen zu sein und neugierig, ohne Urteil, das Leben zu erfahren. Wir sind so sehr daran gewöhnt alles beurteilen und einordnen zu müssen. Dabei ist alles einfach nur, wie es ist! Durch diese Offenheit können sich Möglichkeiten entfalten, die unvorstellbar sind, wenn wir uns nur an bekannten Denk- und Lebensmodellen festhalten.

Mit unseren Vorstellungen engen wir unsere Möglichkeiten stark ein.

Es ist bekannt, dass wir nur einen Bruchteil unseres Gehirns nutzen, was in meinen Augen zum Großteil bedingt ist durch mental und emotional erzeugte Grenzen, die durch unsere Identifizierungen und das Festhalten an unseren Sichtweisen entstehen. Wir halten nur für möglich, was wir kennen und folgen unseren Vorstellungen von den Dingen. Vieles nehmen wir als gegeben hin, obwohl es noch viele andere Möglichkeiten gibt, die allerdings unsere Denk- und Vorstellungsrahmen sprengen würden. Unser Denken ist somit oft starr und voller Altlasten. Eine geistige Offenheit, also wie ein leeres Gefäß zu sein, um neue erweiternde Möglichkeiten und Handlungsweisen zulassen zu können, wird vermieden. Wir haben Angst vor der Leere, vor dem neuen Unbekannten und davor, darüber keine Kontrolle zu haben. Wir behindern uns, indem wir nur bekannte, uns nicht beängstigende Möglichkeiten zulassen. Was, wenn unsere Angst und die eingeschränkten Bilder von uns selbst und der Welt uns beschränken? Haben wir jedoch die innere Stärke, auch Nichtwissen, Leere und unbekannte Möglichkeiten zuzulassen, ohne uns davon gleich bedroht zu fühlen, können sich unsere Möglichkeiten immer mehr entfalten. Es ist viel, viel mehr möglich, als wir in unserem begrenzten Geist und unseren Vorstellungen nur ansatzweise erahnen können.

Eine der massivsten Einschränkungen überhaupt ist unser Glaube an Mangel, Schuld und Leiden. Es mag Sie vielleicht überraschen und auch kritisch stimmen, wenn ich sage, dass Leiden nur durch unseren Glauben an das Leid geschieht, vor allem, wenn wir das Leben wie es ist nicht annehmen, sondern dagegen kämpfen und seine Vollkommenheit nicht erkennen wollen. Was heißt das praktisch gesehen?

Betrachten wir einmal das Thema Tod. Weit verbreitet sind hier Glaubenssätze wie:

- Der Tod ist etwas Fürchterliches, über das man lieber nicht spricht.
- Mit dem Tod ist Leid verbunden, für den Sterbenden, wie auch für die Angehörigen.
- Der Tod ist etwas Tragisches und Leidbringendes.
- Wer den Toten am meisten geliebt hat, trauert auch am meisten.
- Wenn eine Witwe nach einem Jahr schon eine neue Beziehung eingeht, kann sie ihren Partner nicht geliebt haben.
- Beim Sterben dabei zu sein, und einen toten Körper zu sehen muss furchterregend sein

Ist das wirklich immer so? Sind alle diese Aussagen Gesetzmäßigkeiten, oder nur weit verbreitete Glaubenssätze?

Ich habe sowohl den Tod meines Vaters als auch den meiner Oma miterlebt und, wie viele Menschen, ganz andere Erfahrungen gemacht.

Mein Vater starb Heiligabend. Unsere Familie war zusammen, um Weihnachten zu feiern. Für mich war das, wie ich es bereits in einem anderen Buch beschrieben habe, ein sehr großes Geschenk und ein wundervolles Erlebnis. Obwohl auch Tränen des Abschieds von seiner physischen Form flossen, war ich innerlich getragen und glücklich. Bei meinem Vater sah ich etwas Ähnliches. Während des Sterbevorgangs floss eine einzelne Träne aus seinem Auge, und gleichzeitig war er in unendlichem Frieden und voller Liebe.

Ich habe, um es vorwegzuschicken, meinen Vater, auch wenn wir in früheren Jahren viele Auseinandersetzungen hatten, sehr geliebt. Es war bei mir also alles andere als Erleichterung, die manche Menschen vielleicht empfinden, wenn jemand stirbt, den sie gehasst und von dem sie sich gequält gefühlt haben. Viele haben auf den Tod meines Vaters mit den Worten reagiert: „Oh wie schrecklich, besonders auch, dass er am heiligen Abend gestorben ist." Ich fand das gar nicht schrecklich. Heiligabend war immer sein Lieblingstag und fast der einzige Tag im Jahr, wo seine Kinder gemeinsam mit ihren Partnern zu Besuch waren. Er ist unbeschreiblich friedlich und ausgesöhnt mit allem gestorben. Wir konnten, obwohl der Körper tot war, seine Anwesenheit spüren. Es war nur das Ende seines Körpers. Das ist alles! Bewusstsein, Ewigkeit, wahre Essenz bleiben.

Ich sprach mit einer Frau aus unserem Dorf, deren 90-jährige Mutter verstorben ist, und fragte sie, wie es ihr ginge und wie ihre Mutter gestorben sei. Darauf sagte sie, ihre Mutter wäre sehr friedlich gestorben. Sie fügte dem ganz vorsichtig hinzu, dass es nicht schlimm gewesen sei. Ihre Mutter sei alt geworden und ihre Zeit gekommen. Daraufhin erzählte ich ihr von meinen Erfahrungen mit dem Tod meines Vaters und meiner Oma. Sie sagte, auch sie sei überrascht, dass sie nicht leiden würde. Sie sei zwar manchmal traurig, aber sie würde selbst einen inneren Frieden spüren, als hätte dieser von ihrer Mutter auf sie abgefärbt. Sie habe darüber aber mit niemandem gesprochen, denn sie sei aus einer ganz anderen Generation als ich. Sie sagte: „Alle haben ihr Beileid ausgedrückt, und jeder hat erwartet, dass es schrecklich für mich ist. Ich habe mich nicht getraut zu sagen, was ich wirklich empfinde. Wenn ich das erzählt hätte, hätten sich viele vor den Kopf gestoßen gefühlt und mich als herzlos empfunden."

In diesem Wort Bei-Leid ist schon das Leiden mitverankert. Der Ausspruch ist von niemandem bösartig gemeint und spiegelt nur unseren weitverbreiteten Glauben wider, dass alles in Verbindung mit dem Tod leidvoll sein muss.

Wir erschweren uns gegenseitig das Leben unnötig, indem wir uns immer in unserem Leid bestätigen. Das ist wie eine Trance. Das hat aber nichts damit zu tun, dass wir nicht traurig sein dürfen oder damit unsere Gefühle unterdrücken. – Leid ist etwas ganz anderes als Tränen und Traurigkeit. Traurigkeit und damit verbundene Tränen, die weder forciert noch unterdrückt werden, sind einfach Gefühle, die im Fluss sind. Sie erzeugen kein Leid. Es gibt auch eine Schönheit, ein GeborgenSein inmitten von Traurigkeit und Tränen. Wir erzeugen nur Leid, wenn wir uns gegen den natürlichen Fluss sträuben, wenn wir gegen das, was ist, kämpfen und an alten Situationen oder unseren Erwartungen festhalten.

Ich behaupte einfach, Mitgefühl zu kennen, und trotzdem nehme ich die Geschichten und Begründungen, warum Menschen leiden, ernst – und doch nicht ernst. Ich habe Mitgefühl für den Schmerz, den sie in ihrem GefangenSein empfinden. Das kannte ich einst selbst so gut. Aber unser Leid liegt selten in der Leidensgeschichte an sich, sondern wird durch unsere innere Haltung, unsere Verstrickungen und Anhaftungen erzeugt. Diese kreieren Dramen und Geschichten von Leid und Mangel. Schauen wir einmal in welchen Situationen wir glauben, dass Leiden normal sei. Wenn jemand ungewollt arbeitslos wird; schwer erkrankt ist; eine Ehe geschieden wird; eine Prüfung nicht bestanden wird; wir finanziell bankrott sind oder ein Mensch, den wir lieben, unsere Gefühle nicht erwidert. Dann bestätigen wir uns gegenseitig in unseren Leidensgeschichten, um nicht herzlos zu wirken und den anderen in seiner Leidensberechtigung nicht zurückweisen.

Schauen wir uns das einmal genauer an. Liegt, neutral betrachtet, einer Situation, in der wir jemanden lieben, der diese Liebe nicht erwidert, wirklich Leid zu Grunde? An sich nicht.

- Nur dann, wenn wir das nicht akzeptieren können und diese Liebe erzwingen wollen.
- Nur dann, wenn wir immer auf das schauen, was zu fehlen scheint.

- Nur dann, wenn wir uns nur geliebt fühlen und unseren scheinbaren Wert nur bestätigt sehen, wenn uns dieser *eine* Mensch liebt.
- Nur dann, wenn wir glauben, dass unser Lebensglück davon abhängt.

Wenn uns jemand nicht liebt, – gut. Dann liebt er uns nicht. Punkt. Was hat das mit unserem Glück zu tun? Nichts. Bedeutet das automatisch, dass wir leiden müssen? Nein. Alles Leiden entsteht aus Unwissenheit, ist hausgemacht und keine Gesetzmäßigkeit. Zu leiden ist menschlich, aber es ist ein menschliches GefangenSein, aus dem wir austreten können, wenn wir uns unserer inneren Vollständigkeit, der Vollkommenheit des Lebens, bewusst sind und die Grenzen unser Vorstellungen und Glaubensmuster verlassen. Auch bei schwerwiegenden Erkrankungen zum Beispiel sehen wir meistens nur Leid und nicht die Chance, die dieses birgt.

Zwei meiner Freundinnen waren „lebensbedrohlich“ an Krebs erkrankt. Beide haben ihrem Leben durch diese Erkrankung eine neue Richtung gegeben, zu sich gefunden, ihr Leben „aufgeräumt“ und trotz anderslautender ärztlicher Prognosen überlebt und Heilung, innerlich wie äußerlich, erfahren. Beide unterstützen heute andere Menschen auf energetischer, psychischer, spiritueller und körperlicher Ebene. Ihre Lebensqualität hat zugenommen und eine enorme innere Stärke und Klarheit ist entstanden. Für beide war es in mancherlei Hinsicht trotz oder gerade wegen dieser tiefen Erschütterung auch ein Segen, aufzuwachen.

Ein weiteres Beispiel:

Ich kenne eine wundervolle Frau, die siebzig Jahre alt ist, schon seit jungen Jahren im Rollstuhl sitzt, sehr stark körperbehindert und vollständig pflegebedürftig ist. Von Kind auf wurde ihr Leben von extremsten Ereignissen, deren Schmerz und Leidensgeschichten mindestens fünfzehn Leben und viele Bücher füllen könnten, begleitet. Sieht man nur, dass sie im Rollstuhl eingeschränkt und körperlich total abhängig ist, könnten wir sie bemitleiden. Aber sie ist nicht bemitleidens-, sondern eher bewundernswert. Sie ist körperlich so stark eingeschränkt, dass sie nichts allein machen kann, aber sie ist innerlich frei, begleitet von Lebenslust, Liebe und einer unglaublichen Stärke. Sie leitet Gruppen mit mehr als vierzig Menschen, die körperlich gesund sind, aus den verschiedensten Berufen und Lebenskontexten kommen und die alle Unterstützung bei ihr suchen und ihre Weisheit und Tiefe schätzen. Sie lehrt sie auf ihre Art und Weise, durch ihr besonderes Beispiel, Mensch zu sein. Sie macht deutlich, wie wenig wir unser Körper sind, wie wenig unser Glück von einem perfekten Körper und den perfekten Lebensumständen abhängt, sondern allein von unserem Bewusstsein und unserem inneren Frieden.

Für die meisten Menschen ist es wohl ein Sinnbild von Leid, im Rollstuhl zu sitzen, nicht zur Toilette gehen, sich nicht bewegen und nur sprechen zu können. Sie ist aber kein Sinnbild von Leid, sondern ein Beispiel für Weisheit und Zufriedenheit. Aber ich muss auch erwähnen, dass sie Zeiten großen Leidens kennt, aus denen sie sich aber, obwohl sich die äußeren Umstände ihres Lebens nicht verbessert haben, durch ihr inneres Wachstum befreit hat.

Ist Leid notwendig, um zu wachsen? Ist Leid notwendig zur Bewusstwerdung?

Bei mir selbst und vielen Menschen war das ein Antrieb zur Befreiung in ein glücklicheres Leben. So scheint Leid vorübergehend seinen Sinn zu haben. Alles hat seine zwei Seiten – und jenseits davon ist alles nur, wie es ist - neutral. Jedenfalls will uns das Leben durch Herausforderungen nicht bestrafen und uns auch nichts vorenthalten, was für unser Glück wichtig wäre. Wir glauben nur, dass unser Glück nicht vollständig ist. Und dann sind wir vor lauter Leid so eingeschränkt und mit Blindheit geschlagen, dass wir unsere Geschenke gar nicht sehen. Es gibt jedoch keine Probleme, wenn wir die Dinge akzeptieren, wie sie sind, was aber nichts mit Passivität und gefühlloser Rationalität zu tun hat. Vieles, wie auch unser kollektiver Glaube an Leid und Mangel, erweckt zwar den Anschein einer Gesetzmäßigkeit, ist aber keine.

Alle Lebens- und Weltanschauungen, ob religiöser, psychologischer, wirtschaftlicher, oder wissenschaftlicher Art, sind begrenzt. Sie sind nicht mehr als Überzeugungen und Glaubensmuster. Wir können unsere Grenzen sprengen, indem wir uns der Relativität unserer Überzeugungen bewusst sind und uns der Unendlichkeit stellen, der Leere, die sich von selbst füllt. Es erfordert Mut, uns vom Leben selbst und nicht von unseren Vorstellungen und Begrenzungen leiten zu lassen. Auch wenn wir belächelt, für herzlos oder verrückt gehalten werden, können wir unvoreingenommen der inneren Stimme folgen, die wir allerdings nicht überall verkünden müssen, denn wir müssen niemanden überzeugen und auch nicht auf eine Bestätigung warten. Menschen, die bahnbrechende Erkenntnisse gewonnen und Erfindungen zum Wohle der Menschheit gemacht haben, sind oft zu Lebzeiten wegen ihrer Ideen belächelt worden. Sie brauchten den Mut, zu sich und ihren Erkenntnissen zu stehen und ungewöhnliche, der Masse widersprechende Erfahrungen und Sichtweisen zuzulassen.

Auch wir brauchen Mut, den unsicheren Raum unbekannter Wege zu betreten und nicht nur auf ausgetretenen Pfaden zu gehen. Haben wir doch den Mut, unseren inneren Eingebungen zu folgen, auch wenn sie allem widersprechen, was andere für wahr und richtig halten, und über uns gelacht wird. So geschieht Innovation! So können wir unser Potenzial nutzen und manches kann möglich werden, was wir für unmöglich gehalten haben.

In diesem Zusammenhang erinnere ich mich an die Unternehmensgeschichte von Aldi. Ich las über die Albrechtbrüder, dass sie ursprünglich einen Laden mit vielfältigem Sortiment geplant hatten, aber zunächst anhand ihrer begrenzten finanziellen Mittel nur wenige Produkte einkaufen konnten. Ihre ursprüngliche Ausrichtung war es, den Warenbestand allmählich auf ein volles Sortiment eines Supermarkts zu erweitern wie es, in der Regel, wohl die „übliche" Vorstellung des Besitzers eines Lebensmittelladens ist. Doch hatten sie die Flexibilität und den Mut, ihre anfängliche, übliche Denkstruktur zu verlassen. Sie orientierten sich stattdessen an der realen Erfahrung, mit einfachen Strukturen und wenigen, aber günstigen Produkten erfolgreich zu sein und sind dabei geblieben.

Das ist ein wunderbares Beispiel dafür, neue Wege zu beschreiten, denn so oft sind wir in vorgegebenen Vorstellungen gefangen, verlieren dabei den Kontakt zum Boden und nutzen die naheliegenden Möglichkeiten nicht. Damit entfernen wir uns von der praktischen Erfahrung und übersehen die einfachen Lösungen, die uns das Leben bietet.

Bei manchen Unternehmen ist auch für Außenstehende klar zu sehen, wie sehr sie in starren Denkmustern gefangen sind. Sie folgen theoretischen Konstrukten und alten Denkmustern, machen alles nur noch komplizierter und sehen so die naheliegenden Möglichkeiten nicht, weil sie den Boden unter den Füßen und die Verbindung zur Realität verloren haben. Und so wird manches nur zu einem beschränkten Konstrukt des Geistes. Trotz der Wichtigkeit mancher Pläne und vorrausschauender Überlegungen sollten wir also flexibel bleiben und nicht den Kontakt zum praktischen Geschehen verlieren!

Das gilt nicht nur für Unternehmen, sondern auch für unser privates Leben. Wie oft sind wir in Gedanken gefangen, hängen ihnen nach, wälzen Probleme, die später gar nicht eintreten, und denken an Möglichkeiten, die nicht funktionieren, anstatt unsere Aufmerksamkeit dem Geschehen jetzt zu widmen. Vieles entwickelt und löst sich in dem achtsamen Tun und der praktischen Erfahrung wie von selbst und ganz anders, als wir in der Theorie vermuten. Wenn wir uns nicht durch unsere alten Vorstellungen einschränken, geschieht vieles mühelos, zeitsparender und nervenschonender und es werden Raum und Kapazität frei, um neue Wege zu beschreiten. Wo bleibt die Entfaltung unseres individuellen Ausdrucks, wenn wir unser Leben der kollektiven Vorstellungswelt und den Erwartungen unserer Eltern, Partner, Kinder und Freunde unterordnen? Meist geschieht das, weil wir Angst haben vor Ablehnung und davor, anders und nicht richtig zu sein. Den Mut zu haben, unserer inneren Wahrhaftigkeit zu folgen, ist sehr wichtig.

Es macht vielen Menschen Angst, sich außerhalb und unabhängig von den Meinungen anderer zu bewegen, weil sie befürchten, dann abgelehnt und allein zu sein. Lang genug wurde in der menschlichen Geschichte immer nur ein einziger Standpunkt als richtig betrachtet und andere Meinungen verurteilt. Zu manchen Zeiten wurden Menschen, wenn sie sich nicht unterordnen und eigene Ansichten vertraten, bestraft. Diese Strukturen gibt es auch heute noch, allerdings in abgewandelter, viel subtilerer Form. Kollektiv gesehen sind wir auf dem Weg zu lernen, Unterschiedlichkeit achten und als gleichberechtigt zu betrachten. Es ist an der Zeit, uns von alten Zwängen zu lösen und uns nicht in den Käfig unserer Vorstellungen zu sperren. Das bedeutet aber nicht, gegen Menschen, die uns in ihre Erwartungen pressen wollen, ankämpfen zu müssen. Warum sollten wir mit ihnen kämpfen und ihnen Vorwürfe machen? Wir selbst lassen es doch zu, in die Erwartungen gepresst zu werden und opfern dabei unsere innere Wahrhaftigkeit. So geht es also nicht um die „bösen anderen

Menschen", sondern um unsere Klarheit und unsere eigene Selbstverständlichkeit, sein zu dürfen, wie wir sind. Wir selbst müssen die Angst überwinden, nur auf eine bestimmte Art sein zu dürfen, um „richtig" zu sein und eine Existenzberechtigung zu haben.

Wollen wir nicht alle geliebt sein, *wie* wir sind und einfach nur, *weil* wir sind? Es obliegt uns selbst, uns dazu die Erlaubnis zu geben. Machen wir uns nicht mehr abhängig von dem Urteil und der Liebe anderer.

Ein Experiment:

Lassen Sie einmal die Angst zu, dass alle Menschen Sie verurteilen könnten! Stellen Sie sich dieser Angst und spüren Sie, dass es etwas in Ihnen gibt, das unberührt davon immer ganz ist und einfach weitergeht. Selbst wenn alle Menschen dieser Welt mit dem Finger auf Sie zeigen würden, was hat das mit Ihrem Sein zu tun?

Es hat nur dann eine Bedeutung, wenn Sie die Meinung anderer für wichtig halten und Ihren Wert aus deren Liebe und Anerkennung beziehen. Es gibt keine Auf- oder Abwertung unseres Seins durch etwas, das wir entweder sind oder nicht sind. Damit beschränken wir uns nur unnötig. Da beginnen wieder die Identifizierungen. Trauen wir uns, zu sein, wie wir sind, ohne uns damit einen Wert oder Anerkennung verdienen zu müssen. Wir müssen nicht um Liebe betteln. Vollständigkeit, Liebe, das Unantastbare – all das ruht bereits in uns selbst. Wir glauben, immer bedürftig zu sein, sind es aber nicht. Es wirkt nur dann so, wenn wir uns der Vollständigkeit, der Fülle in uns, nicht bewusst sind und bei anderen das suchen, was nur in uns zu finden ist.

Wenn ich hier davon spreche, wie wichtig auch unsere individuelle Art zu sein ist, ist nicht das Buhlen um Beachtung und das zwanghafte Demonstrieren von Individualität und Unabhängigkeit gemeint. Das ist kein Ausdruck wirklicher Freiheit. Die Fahne der Individualität und Besonderheit vor sich herzutragen entspringt oft nur der Angst, ein Mensch wie alle anderen zu sein und in der Masse unterzugehen. Natürlich kann nicht immer der persönliche Ausdruck, die Entfaltung des individuellen Potenzials, im Vordergrund stehen. Gleichzeitig bereichert aber die Entfaltung des individuellen Potenzials auch die Gemeinschaft. Wir profitieren alle davon, wenn jeder Einzelne seinen Horizont erweitert und seine Fähigkeiten nutzt. Manchmal ist es jedoch auch wichtig, unsere individuellen Belange und Bedürfnisse zurückzunehmen, uns auf andere einzustellen, auch ihr Wohl im Auge zu haben und uns dem Gemeinsamen anzupassen. Zu viel Anpassung jedoch kann sich in Passivität und in dem Verlust von Konturen äußern. Auch hier geht es um Ausgewogenheit.

Inmitten der Vielfalt individuellen Ausdrucks geschieht in diesen Zeiten immer mehr Vernetzung, so auch durch die Auflösung der Grenzen Europas, die Erweiterung der EU und die Einführung einer einheitlichen, europäischen Währung. Auch wenn Vernetzung und Zusammenschluss geschehen, können individuelle Besonderheiten und natürliche Unterschiede bestehen bleiben. Die natürliche Individualität eines Menschen und eines Landes mit allen Eigenarten ist doch etwas Wunderbares. Es geht weder darum, alles anzugleichen und zu einer einzigen Suppe zu vermischen, noch um starre Abgrenzung und Unflexibilität. Das Gemeinsame in der Unterschiedlichkeit zu sehen – das wird immer wichtiger werden. Jedes Land hat einen individuellen Charakter, – wie jeder einzelne Mensch. So ist es wichtig, Raum zu schaffen, in dem die Vielfalt menschlicher Lebensmöglichkeiten berücksichtigt wird. Diese Vielfalt bringt Bereicherung. Doch sie braucht eine Basis der Toleranz und der Gemeinsamkeit, sonst ist es ein verbindungsloses Nebeneinanderherleben, bei dem die verschiedenartigen Kräfte weder genutzt noch zusammengeführt werden können. Es braucht Verbindung.

Diese finden wir in unserer Menschlichkeit. Wir können uns gegenseitig etwas geben und mit – und voneinander lernen, wobei sich die Frage stellt, ob es uns möglich ist, diese Vielfalt zuzulassen, oder ob jeder auf sein Recht pocht! Nur, mit letzterem kommen wir keinen Schritt weiter. Wenn wir aber die Vielfalt der Meinungen und Ideen als Bereicherung und nicht als Bedrohung empfinden, können wir einen gemeinsamen Konsens finden und zu ausgereiften Ergebnissen kommen.

Verschiedene Sichtweisen zu berücksichtigen, kann aber auch zu Verzettelung führen und nicht immer nur Ergänzung und Erweiterung bedeuten. Manchmal bedarf es auch der Abgrenzung. Trotzdem können wir doch die Meinungen anderer tolerieren, egal, wie konträr sie zu den unsrigen sein mögen! Schätzen wir doch die Vielfalt der

Möglichkeiten, die auch in uns selbst ist. Es gibt so viele unterschiedliche Aspekte in uns, die auch ihren Ausdruck finden möchten.

Müssen wir überhaupt bestimmten Erwartungen und Bildern entsprechen, um glaubhaft zu wirken? Ich finde es viel gesünder, wenn wir den verschiedenen Gefühlen und Sichtweisen in unserem Leben mit Neugierde begegnen. Wie schnell aber packen wir uns selbst und andere in Schubladen und nehmen so gleich eine Einordnung vor, aber damit machen wir es uns zu einfach. Anstatt die Schubladen zu schließen, können wir doch die Freiheit der Vielfalt genießen.

Es ist eine neue Zeit angebrochen. Eine Zeit, in der es nicht mehr darum gehen muss, uns mit etwas Bestimmtem zu identifizieren und uns einzuordnen in unsere Vorstellungs- und Gedankenraster. Heute berücksichtigt man sogar in der Berufswelt psychische Komponenten und die natürlichen Gesetzmäßigkeiten des Lebens.

Ich habe mich nie einer Richtung im Leben eindeutig zugehörig gefühlt, sondern fand in allen Aspekten des Lebens ein Stück Wahrheit. Es ist so bereichernd, so wundervoll dieses Leben, wenn wir uns nicht in die Zwangsjacke dieses oder jenes Welt- und Menschenbildes pressen oder pressen lassen, und unser Herz die Freiheit geschenkt bekommt, uns überall hinführen zu können.

☆☆☆

Im Einklang mit der Natur

Auch die Natur und „ihre Katastrophen“ sind für uns in dieser Zeit zentrale Faktoren. Das wurde besonders deutlich durch die Naturkatastrophen, die sich in den letzten Jahren hier, aber auch weltweit gehäuft haben. Vielleicht ist unser Überleben, auf jeden Fall aber unsere Lebensqualität und unsere wirtschaftliche Entwicklung, davon abhängig, wie sehr wir die Natur mit ihren Gesetzmäßigkeiten berücksichtigen und achten. Es wurde sichtbar, wie viel Geld uns die Auswirkungen von Naturkatastrophen kosten, ganz zu schweigen von den vielen menschlichen Schicksalen.

Kein Wunder, denn wir haben im wirtschaftlichen Aufschwung die Natur wenig berücksichtigt. Sie wurde missachtet, ausgebeutet, musste sich unserem Willen und unserem Profitdenken beugen und ist inzwischen an vielen Stellen vollständig zerstört.

Bis vor einigen Jahren schienen größere Naturkatastrophen immer weit von uns entfernt zu sein. Das hat sich aufgrund der Klimaveränderungen geändert. Wir wissen schon lange, dass wir unsere Umwelt belasten und dieses irgendwann Auswirkungen haben wird. In den letzten Jahren konnten wir sehen, welche Kraft die Natur hat und wie sie Existenzen auslöschen, Leben und materielle Werte vernichten kann. Wenn wir den Bogen überspannen, bekommen wir die Quittung. Wenn wir die Natur ausbeuten und belasten, wirkt sich das früher oder später auch auf uns aus, wie wir bereits deutlich gesehen haben. Wir müssen im Einklang mit der Natur leben, wenn wir nicht auf Dauer unsere eigene Zerstörung heraufbeschwören wollen.

Aber selbst aus Sicht einer wirtschaftlich denkenden, von Profitinteressen gesteuerten Gesellschaft, ist es auf Dauer nicht profitabel, die Natur auszubeuten und zu belasten. Selbst wenn für einige Zeit mehr erwirtschaftet werden kann, müssen später die Konsequenzen, die oft mit sehr viel Leid, aber auch mit großen finanziellen Aufwendungen verbunden sind, getragen werden. Wirtschaftlich arbeiten und die Natur achten – das muss sich doch nicht ausschließen, sondern beide können sich in einem gesunden Gefüge bewegen. Eine Wirtschaft, die ohne ganzheitliches Denken und ohne Berücksichtigung natürlicher Gesetzmäßigkeiten betrieben wird, kann zwar kurzfristig erfolgreich, aber auf Dauer sehr destruktiv sein. Denn Erfolg läuft, langfristig gesehen, in allen Bereichen unseres Lebens auf ganzheitliches Denken, auf die Achtung des Lebens eines jeden Individuums und der Natur hinaus.

Menschlicher Fortschritt und die Fülle materieller Möglichkeiten sind wundervoll, können auf Dauer aber nur funktionieren, wenn die natürlichen Gesetzmäßigkeiten berücksichtigt werden.

Wir sind in ein größeres Ganzes eingebunden. Dessen sollten wir uns genauso bewusst sein wie der Verantwortung, die wir für das Wohl nachfolgender Generationen und der Natur tragen. Warum nicht von Anfang an ein gesundes Gleichgewicht im Auge halten und nicht erst dann, wenn wir die schmerzhaften Konsequenzen unserer Handlungen zu spüren bekommen?

Langsam scheint im Privaten wie auch in Politik und Wirtschaft ein Umdenken und auch ein bewussteres Handeln stattzufinden, denn wenn wir das Leben, die Menschen und die Natur achten, können wir Freude und Zufriedenheit erfahren.

Sicherlich kennen Sie Momente in der Natur, in denen Sie einen tiefen Frieden und ein Gefühl von Geborgenheit gespürt haben. Die Natur lädt uns ein, unser wahres Sein in Einklang mit ihr zu finden, und sie lädt uns auch ein, unseren inneren Gesetzmäßigkeiten zu folgen, den natürlichen Antworten in uns. Es ist beeindruckend, wie sehr uns die Natur zum Wesentlichen zurückführen kann. Auch in ihren Rhythmen liegen für uns viele Weisheiten verborgen. In der Natur ist der Wandel, der sich stetig auch in uns vollzieht, aber gegen den wir uns meist wehren und den wir zu kontrollieren versuchen, in einer ganz selbstverständlichen Art und Weise zu sehen.

Denken wir zum Beispiel an Ebbe und Flut oder an die Jahreszeiten. In Verbindung mit dem Jahreszeitenwechsel können wir beobachten, wie ein Baum blüht, Früchte trägt, seine Blätter verliert, kahl wird und sie dann wieder zu sprießen beginnen. Das ist ein natürlicher Vorgang. Auf unser Leben übertragen gibt es auch für uns Zeiten der Blüte, des Früchtetragens, aber auch Zeiten, in denen die Blätter fallen, wir loslassen müssen und nichts bleibt. Wie der Baum im Winter kahl ist und sich in sich zurückzieht, um Kraft zu sammeln und später eine neue Blüte hervorzubringen, gibt es auch in unserem Leben Zeiten des Rückzugs und der Kahlheit, bevor wieder Neues zu sprießen beginnt.

Mit der Zeit des Loslassen, des Abschiednehmens, des Nichts und der Reduzierung auf das Wesentliche haben viele Menschen Schwierigkeiten. Das wollen sie vermeiden, während sie die Zeit der Blüte und des Früchtetragens festhalten und verlängern möchten. Doch alles hat im stetigen Wandel seine Zeit und vor allem seine Ausgewogenheit. Geben wir uns dem Wandel hin und vertrauen wir darauf, dass jeder Phase unseres Lebens eine Berechtigung zugrunde liegt.

Das Stirb und Werde in der Natur zeigt uns die Natürlichkeit von Geburt und Tod, von Abschied und Neubeginn, sowie die Vergänglichkeit bei gleichzeitiger Kontinuität des Lebens.

Wie bei vielen Menschen, so beobachte ich auch bei einem Bekannten, der Inhaber eines Geschäftes ist, diese Rhythmen. Immer wieder gibt es Zeiten, in denen er sehr viel zu tun hat und ihm die Arbeit zu viel ist. In Zeiten geringer Nachfrage hingegen beklagt er sich über das schlechte Geschäft. Nie ist es richtig, und immer gibt es einen Grund, nicht glücklich zu sein. Diesen Mechanismus kennen wir alle. Mit einem gewissen Abstand betrachtet, ist die Situation perfekt. Immer wieder Zeiten der Arbeit, in denen das Geld fließt, und dann ruhigere Zeiten der Erholung. Und nach jeder Zeit der Erholung kam bis jetzt immer wieder die Zeit intensiver Arbeit. Für ihn ist immer gesorgt. Es gibt eigentlich kein Problem, – außer seiner Unzufriedenheit und dem mangelnden Vertrauen, getragen zu sein. Wenn es uns am Urvertrauen mangelt und Angst unser Ratgeber ist, wirkt manches bedrohlich und so, als würde es ums Überleben gehen, obwohl alles im Lot ist.

Auch hier ist das Problem gar nicht die Situation selbst, sondern mangelndes Vertrauen in die natürlichen, nicht kontrollierbaren Gesetzmäßigkeiten des Lebens. Und selbst wenn die gefürchteten Situationen eintreten würden, – wie hier die Sorge, aus mangelndem Umsatz den Laden schließen zu müssen –, geht die Welt nicht unter, sondern das Leben weiter.

Es hilft uns also nicht, uns mit Befürchtungen verrückt zu machen und dabei zu vergessen, das Leben jetzt zu genießen und zu schätzen!

Neben den oben beschriebenen Gesetzmäßigkeiten geht es auch darum, die einfache Existenz und Präsenz der Natur wahrzunehmen. Was heißt das? Da ist ein Baum einfach ein Baum und eine Blume einfach eine Blume. Der Baum bemüht sich nicht, Blume zu sein, und die Blume nicht, Baum zu sein. Sie sind nur das, was sie sind!

Darin liegt eine weitere tiefe Weisheit. Wir jedoch versuchen, uns zu verbiegen und mit anderen zu vergleichen. Wir wollen immer *etwas* sein, anstatt einfach nur zu *sein*, in diesem Moment, wie wir sind, ohne es benennen und uns mit etwas identifizieren zu müssen. Wir müssen immer erst etwas *werden*, – weniger eifersüchtig, geduldiger, schlauer, erfolgreicher, sanftmütiger –, anstatt jetzt einfach nur zu *sein*, zu leben und zu lieben.

Bis Mitte zwanzig kannte ich das Gefühl sehr gut, nicht

richtig zu sein. Ich machte immer wieder die Erfahrung, zu schnell, zu intensiv, zu gefühlvoll, einfach eine Überforderung für andere und auch für mich selbst zu sein. Ich passte in vielerlei Hinsicht nicht in das gängige Menschenmodell. Aber wer passt da überhaupt rein? Jedenfalls bemühte ich mich sehr darum, langsamer, weniger intensiv und gefühlvoll zu sein, wollte ich doch geliebt sein und nicht ständig Probleme haben.

Aber gerade das war das Problem. Wer gibt vor, wie schnell, wie intensiv, wie gefühlvoll wir sein dürfen? Wer sagt, dass die anderen mich alle gut finden und lieben müssen? Wer kann wissen, wie ich zu sein habe? Das können wir in aller Tiefe gar nicht beurteilen, weil es absolut subjektiv und völlig substanzlos ist. Oder steht es vielleicht zur Diskussion, ob eine schnell wachsende Fichte eine langsam wachsende Eiche sein sollte? Eine solche Diskussion ist absurd!

Ich bin unglaublich dankbar, dass nach vielen Jahren intensiver innerer Kämpfe und unglaublicher Anstrengungen das alles für mich kein Thema mehr ist. Ich bin nicht besser geworden, auch nicht viel anders, aber in Frieden und glücklich. Als ich aufgehört habe, mich gegen meine Geschwindigkeit und Intensität zu wehren, kehrte von selbst mehr Ruhe ein. Nach wie vor kann ich sehr schnell und intensiv sein und arbeiten, was aber kein Problem mehr darstellt. Ich konnte, ohne mich zu erschöpfen, ganz entspannt, neben meiner Seminartätigkeit, in ein paar Jahren etliche Bücher schreiben. Anderen wird dabei schwindelig. Mir wird schwindelig bei dem Gedanken, mich gegen meinen inneren Fluss auf den Fluss anderer eichen zu müssen. Immer wieder wurde über mich gesagt: „ Zu schnell, zu früh, zu jung.“ Dabei habe ich das alles nicht geplant und mir nicht vorgenommen, – So, jetzt schreibe ich ein Buch. Es war da, der Fluss, die Energie, die Worte. Oft bin schon ich morgens um fünf Uhr aufgewacht, war ausgeschlafen, ausgeruht und voller Energie. Die Intensität hält meist einige Zeit an und verschwindet dann wieder. Würde ich sie unterdrücken, verlangsamen, verlängern und dagegen ankämpfen, würde ich mich unnötigerweise erschöpfen und die natürliche Weisheit des inneren Rhythmus nicht nutzen. Genauso wenig würde es für andere Menschen Sinn machen, etwas von meinem Rhythmus entgegen ihrem inneren Fluss aufzugreifen. Alles willkommen! Eine Weisheit, die allem zu Grunde liegt.

Ist schnell sein schlechter und langsam besser? Wie schnell oder langsam müssen wir sein? Ist denn schnell auch immer schneller? Mein Mann zum Beispiel geht meist langsamer und überlegter an Situationen heran und verschafft sich erst einen Überblick, während ich meist einfach loslege und sich die Dinge während des Tuns entwickeln lasse. Dabei spüre ich, was effektiv und sinnvoll ist. Wenn etwas nicht passt, ändere ich es einfach. Ohne mir Gedanken zu machen, lasse ich einfach fließen.

Am Anfang unserer Beziehung nervte mich manchmal seine von mir empfundene Langsamkeit und Überlegtheit. Und er fühlte sich von meiner Geschwindigkeit unter Druck gesetzt und glaubte, dass meine Intensität und Geschwindigkeit zu anstrengend seien und ich langsamer werden sollte. Für ihn wäre es Stress und Anstrengung, die Dinge auf meine Art zu tun. Das muss er ja auch gar nicht. Es ist einfach nur eine unterschiedliche Art, zu sein. Ich kann nicht sein wie er, und er nicht wie ich. Wir ergänzen uns wunderbar und haben gelernt, uns in unserer Unterschiedlichkeit sein zu lassen und uns zu schätzen, – und außerdem bin ich nicht immer schnell und er nicht immer langsam. Es ist aber absolut unwichtig, das zu bemessen und zuzuordnen. Wir sind, wie wir sind!

Wie muss wer sein? Ich weiß das nicht, und das muss ich auch nicht wissen. Nach schmerzhaften und verzweifelten Jahren kämpfe ich nicht mehr und habe mich der Weisheit des Lebens, auch wenn es komisch klingt, vollständig hingegeben.

Das hat nichts mit Unterwürfigkeit, Glauben oder mangelndem Menschenverstand zu tun. Ich habe vieles erforscht, beobachtet und direkt ausprobiert, um die Sehnsucht, von der ich wie besessen war, – endlich glücklich und in tiefen innerem Frieden geborgen zu sein –, erfüllt zu sehen. Nichts hat geholfen.

Nichts hat geholfen, nur die Hingabe und der Frieden mit dem Leben. Ich erkannte die Absurdität meiner Erwartungen, wie ich und die Welt sein sollten, aber nicht sind, und den Schmerz, den ich dadurch erzeugte. Genauso offenbarte sich mir die Illusion des Mangels und des Wartens auf ein Glück in der Zukunft, weil die Gegenwart nie gut genug zu sein schien.

Wer sagt denn, dass der Rasse Mensch einschließlich all ihrer menschlichen Eigenarten überhaupt ein Irrtum zu

Grunde liegt und nicht vielmehr dieselbe Vollkommenheit wie der Natur? Wie der Baum einfach Baum ist; nur das ist, was er ist, – können wir genauso in Frieden einfach Mensch und jetzt glücklich sein. Wer weiß, ob überhaupt von uns verlangt wird, anders zu sein und wir mit all diesen Anstrengungen jemals erfolgreich sein werden.

Wie wäre es, einfach in unserer Natürlichkeit da zu sein, mitten in unserem Leben, und sonst nichts? Ist das zu einfach? Ja, es ist einfach, – wunderbar, – friedlich und frei.

Die Natur lehrt uns nicht nur – sie versorgt uns auch mit ihren Kräften Wasser, Wind, Luft, Erde und Feuer. Ermöglicht sie es uns nicht, hier zu leben? Stellt sich uns die Erde nicht mit ihren Schätzen zur Verfügung, damit wir sie bewohnen, unsere Häuser auf ihr bauen, unsere Möbel herstellen, uns ernähren und kleiden können? Ihr Wasser schenkt uns die Möglichkeit zur Reinigung, zur Energiegewinnung und zur Versorgung unseres Körpers.

Es ist daher wichtig, dass wir die Natur achten, denn unsere Existenz ist abhängig von ihr. Die Natur, die Erde – sie bietet uns unseren Lebensraum. Sie zeigt uns ihre Schönheit und ihren Frieden, aber auch die Macht der Zerstörung, wenn wir nicht mit ihr in Einklang leben. So ist es wichtig, früh genug verantwortlich zu handeln, indem wir alle, jeder im Kleinen, in seinem individuellen Umfeld auf ausgewogene Handlungsweisen im Umgang mit der Natur achten. Es scheint unbequem und eine große Umstellung zu sein, umweltbelastende Verhaltensweisen zu verändern, und oft scheinen ökologische Lösungen auch teurer und mit mehr Aufwand verbunden zu sein. Hinzu kommt, dass sie unseren alten Trott herausfordern. Aber es sollte uns klar sein, dass sich dieser Aufwand wirklich lohnt. Jeder von uns kann seinen Beitrag leisten, die Natur nicht zu belasten und damit Katastrophen verhindern helfen. Wenn Millionen von Menschen, jeder Einzelne, Veränderungen in seinem Alltag und in seinem Bewusstsein vornehmen würde, hätte das eine viel größere und stabilere Wirkung auf die Gesamtheit, als wenn wir mit aller Gewalt zu schnell zu viel wollen. Aber trotz aller Tatkraft und Entschlossenheit brauchen wir auch Geduld – denn auch der „stete Tropfen" jedes Einzelnen „höhlt den Stein".

Wenn Sie möchten, können Sie schon mit kleinen Veränderungen Ihren Beitrag leisten. Sie können damit beginnen, sich selbst mit Ihrem Verhalten und Ihren Gewohnheiten genauer unter die Lupe zu nehmen.

Wir können auch folgende Fragen auf uns wirken lassen:

Wo halten wir an alten gewohnten umweltbelastenden Bequemlichkeiten fest?

Auf wessen Kosten erzielen wir so manchen Profit und sehen dabei die Auswirkungen dessen, was wir tun, nicht?

Das extreme, oft unausgewogene Macht- und Profitstreben in Wirtschaft und Politik registrieren wir sehr genau. Aber wie steht es mit uns? Verfolgen wir selbst auch nur persönlichen Gewinn auf Kosten anderer und der Natur? Wir können uns nicht nur auf unseren Wohlstand fixieren und alles andere missachten. Die Lage ist ernst, und so ist es unverständlich, wie wir uns schon bei den kleinsten Veränderungen zieren. Es ist wichtig, unseren Einsatz zu geben und uns zu bewegen. Wem hilft es, wenn wir uns gegen die kleinsten Veränderungen und die Aufgabe mancher Bequemlichkeiten sträuben, dafür aber vielleicht schon morgen unser Leben und die materiellen Grundlagen bedroht sind? Wie klein ist mancher Einsatz, der uns so groß erscheint, im Verhältnis zu dem, was wir verlieren, wenn wir das gesunde Gleichgewicht verlassen. Wir glauben vielleicht, dass uns das nicht persönlich betrifft und möchten es verdrängen. Aber wir kommen nicht daran vorbei, manche unserer eingefleischten Gewohnheiten zu reflektieren und immer bei uns selbst anzufangen, – allerdings nicht fanatisch und strafend, sondern wohlwollend und spielerisch.

Wir können auch Frieden nicht erzwingen, aber etwas dafür tun, indem wir in unserem Leben und in uns selbst Frieden finden. Auch wenn es der tiefste Wunsch vieler Menschen ist, in Frieden, Liebe und Achtung miteinander zu leben, bin ich doch zu sehr Realistin, um nicht zu erkennen, dass die Welt nicht sofort und überall in eine friedvolle zu verwandeln ist. Genauso wenig können wir anderen vorschreiben, wie sie zu sein und sich zu ändern haben. Wir können nichts erzwingen. Wenn wir aber selbst in innerem Frieden und im Einklang mit den natürlichen Rhythmen des Lebens sind, wird auch unser Leben ein Spiegel dieser inneren Ausgewogenheit sein. Wie innen so außen. Mikrokosmos gleich Makrokosmos. Wir sind der kleine Funke, bei dem die Veränderung beginnt, um das Ganze zu bewegen. Wenn viele Menschen aus ihren individuellen Möglichkeiten heraus Veränderungen bewirken, bewegt das sehr viel. Bei dem einen kann das ein politisches oder ökologisches Engagement sein, beim anderen eine Veränderung mancher Einkaufs- und Lebensgewohnheiten. Mit einem klaren Geist können wir prüfen, welche der bewährten Möglichkeiten in unserem Leben weiterhin Bestand haben sollen und was verändert werden kann. Nur weil wir uns an etwas gewöhnt haben, was zu einer bestimmten Zeit sinnvoll war, muss es nicht heißen, dass es zum aktuellen Zeitpunkt noch immer hilfreich ist.

Zurück zu der Frage, was wir tun können: Jeder Einzelne von uns kann in seinem alltäglichen Leben das Gleichgewicht zwischen sich und der Natur im Auge behalten. Es ist zum Beispiel naheliegend, auf eine geringe Produktion von Müll zu achten, unseren Müll zu trennen und sich bewusst zu sein, dass die Massen an Müll auch entsorgt werden müssen. Niemand mag in seiner Umgebung eine Müllverbrennungsanlage oder -deponie haben. Trotzdem sind wir oft zu bequem, darauf zu achten, weniger Müll zu produzieren. Wenn wir keine solche Anlage in unserer direkten Nähe haben, werden wir ja nicht mit den Auswirkungen unserer Müllproduktion konfrontiert. Bekommen wir nicht direkt die Zusammenhänge und Ergebnisse dessen, was wir tun, zu spüren, fühlen wir uns nicht dafür verantwortlich. Es ist also wichtig, dass wir uns bewusster werden, was wir verursachen.

Abgesehen vom bewussten Umgang mit Müll können wir überprüfen, ob es notwendig ist, mehrere Autos zu besitzen und alle Strecken mit dem Auto zu fahren. Macht es vielleicht auch Sinn, auf öffentliche Verkehrsmittel, die weniger Schadstoffe produzieren, umzusteigen? Das heißt nicht, dass wir kein Auto mehr fahren sollen, und es geht nicht darum, uns zurückzuentwickeln. Es ist der Lauf der Zeit. Wir leben *heute,* und es haben nun mal bestimmte Entwicklungen stattgefunden. Menschliches Leben scheint Entwicklung, Erfindungen und Erleichterungen für das menschliche Leben zu beinhalten. Es ist faszinierend, was das menschliche Leben und Denken für Möglichkeiten hervorbringt. Unsere Entwicklung ist ein Wunder, genauso wie die Natur ein Wunder ist. Wir können einfach der Weisheit der natürlichen Entwicklung folgen, indem wir nichts erzwingen, aber auch nichts zurückhalten, und so geht es nicht um die Frage, ob es Computer geben soll oder ob wir Autos fahren dürfen, sondern darum, mit welchem Bewusstsein, mit welchem Ziel und Maß wir leben und handeln.

Ich war vor vielen Jahren einmal Computern gegenüber eher ablehnend eingestellt. Inzwischen bin ich dankbar für die Erleichterung mancher Arbeit, auch für die Kommunikation, die Informationsfülle und die Vernetzung, die durch das Internet möglich ist. Es ist ein wundervolles Medium. Es ist nur die Frage, wie und wofür wir es nutzen. So geht es immer wieder um Ausgewogenheit.

Stellen wir uns auch folgende Fragen: Kaufen wir zum Beispiel im Supermarkt nur billiges Fleisch, obwohl wir wis-

wissen, dass dafür Tiere gequält, nicht artgerecht gehalten und getötet worden sind? Gehen wir manchmal unserer Neigung nach, alles noch billiger haben zu wollen, ohne uns darüber Gedanken zu machen, wie diese Preise entstehen? Sind wir nicht mit unserem Kaufverhalten richtungsweisend?

Wenn wir, wie es beim Fleisch zu sehen ist, unrealistisch niedrige Preise erwarten, bleibt neben der Qualität, die ja für unsere Gesundheit wichtig ist, auch die Achtung vor dem Leben und der Lebensqualität der Tiere auf der Strecke. Erinnern Sie sich noch an den BSE-Skandal vor einigen Jahren? Dabei ist vielen Menschen genau das bewusst geworden.

Selbst wirtschaftlich gesehen ist das unrentabel. Für kurze Zeit haben viele Bauern vielleicht einen besseren Profit erzielt, aber auf längere Zeit gesehen hatten sie, die sie von der Fleischproduktion und dem Fleischverkauf abhängig sind, große Einbußen. Zu Recht wurde uns durch diese Geschehnisse aufgezeigt, wie wir wieder einmal den Bogen überspannt hatten. Es ist wunderbar, wie klar und direkt uns das Leben immer wieder eine Antwort gibt, wenn wir nicht im Gleichgewicht handeln.

Selbst heute ist unser Umgang mit den Tieren immer noch nicht ausgewogen. Aber muss erst so viel Unheil geschehen, Tiere sinnlos geschlachtet werden und die Gefahr von gesundheitlicher Schädigung für den Menschen gegeben sein? Wir selbst sind entscheidend daran beteiligt. Es ist natürlich, dass wir auf Preise achten und versuchen, den leichtesten Weg zu gehen. Aber der leichteste

Weg kann zum schwierigsten werden. Es zeigt sich immer wieder, dass wir oft nicht bewusst und umfassend genug denken und handeln und es uns zu bequem machen wollen. Diese Bequemlichkeit ist im ersten Moment angenehm, später werden wir dann oft durch schmerzhafte Erfahrungen aufgerüttelt. Sich für die Umwelt, für ein ausgewogenes Miteinander von Umwelt, Mensch, Tier und Natur verantwortlich zu fühlen, bringt auf Dauer mehr Zufriedenheit, als nur der Bequemlichkeit oder dem schnellstmöglichen Gewinn hinterher zu jagen.

Ökologisches Handeln sollte ein Anliegen aller Menschen sein, unabhängig davon, welcher politischen Richtung sie sich zugehörig fühlen, und zum Glück ist diese Entwicklung allmählich schon zu beobachten. Wer dabei ungeduldig ist und die schleppende Entwicklung bemängelt, sollte berücksichtigen, dass alles seine Zeit braucht. Es hat sich schon sehr viel verändert. Sicher ist das nicht ausreichend und nichts, worauf wir uns ausruhen können, aber ist es nicht erstaunlich, wie sehr sich unser Bewusstsein in Bezug auf die Berücksichtigung ökologischer Aspekte schon verändert hat? Bereits seit einiger Zeit sucht man in umweltbelastenden Wirtschaftszweigen nach ökologischeren Möglichkeiten.

Ja, ich weiß. Das sind nur erste, manchmal zögerliche Schritte. Da wir manches aber nicht erzwingen und übers Knie brechen können, sind auch Kompromisse und das Gestalten von Übergangsphasen wichtig. Und, bitte, vergessen Sie nicht: es gibt inzwischen stabile, sehr rentable, ökologisch orientierte Wirtschaftzweige, die im Wachstum begriffen sind. Wenn umweltbelastende Wirtschaftszweige abgebaut werden, sieht es zunächst nur so aus, als würden Arbeitsplätze wegfallen, aber wir sollten auch die Zunahme an Arbeitsplätzen in ökologischen und alternativen Wirtschaftszweigen mit berücksichtigen.

Das Interesse an Ökologie, sei es durch alternative Energiegewinnung, Ernährung oder Gesundheit, wächst. Hier hat sich ein beachtlich wachsender, neuer Markt entwickelt. Den Menschen scheint bewusster zu werden, wie wichtig es für ihre Gesundheit und für ihr Überleben ist, nach ökologisch unbedenklichen Möglichkeiten zu suchen. Es gibt viele neue Ansätze, die allerdings nicht zuletzt auch an der Angst scheitern, zu viel Innovation könnte alte Wirtschaftszweige zum Erliegen bringen. Aber, es wird immer öfter auf umweltverträgliche Möglichkeiten zurückgegriffen.

Diese Entwicklung lässt sich auch im Gesundheitswesen beobachten. Immer mehr Menschen suchen nach alternativen, energetischen und naturheilkundlichen Lösungen für ihre Gesundheit und ihre Krankheiten, aber auch nach den tieferen Zusammenhängen des Lebens, und vielen wird immer klarer, dass Körper, Geist und Seele nicht zu trennen sind, dass wir allumfassender zu schauen und zu handeln haben, und das in allen Bereichen. Nichts ist getrennt. In allem findet sich alles wieder.

In einem meiner Seminare waren drei Manager, deren Leben von Wirtschaftlichkeit, Erfolg und Geld geprägt war. Sie hatten das erreicht, wonach sie ihr ganzes Leben gestrebt hatten: Geld, Familie und Erfolg, und dennoch fehlte ihnen etwas. Sie spürten, dass es nicht mehr um das unendliche Prinzip von „schneller, höher, weiter“ geht, sondern um ihren inneren Frieden, um ein Glück, unabhängig von all dem. Sie spürten aber auch, dass Geist und Materie sich nicht ausschließen, sondern untrennbar voneinander sind. Sie waren sehr offen und, obwohl sie aus einem ganz anderen Lebensumfeld kamen wie ich, sprachen wir „dieselbe Sprache“.

Das Interesse an innerer Bewusstwerdung scheint überall zuzunehmen, und so freut es mich besonders, dass in Deutschland auch das Bewusstsein für unsere Umwelt und die größeren Zusammenhänge des Lebens wächst. Das ist im Vergleich zu einigen Ländern der westlichen Welt, die unverändert steigende Schadstoffe und Müll produzieren und wenig Umweltbewusstsein entwickelt haben, nicht selbstverständlich. Wunderbar an unserer Mentalität hier ist die Ernsthaftigkeit, die es uns vielleicht erleichtert, bei aller Liebe zum Fortschritt jetzt das größere Ganze mit zu berücksichtigen. Es geht um Synthese, nicht um Ausschluss, – und wir leben in einer Zeit, die Integration und Ganzheitlichkeit erfordert.

☆☆☆

Der Einfluss der Medien

Die Welt ist näher zusammengerückt und durch die Medien sind wir, im Zeitalter der globalen Vernetzung, mit den Geschehnissen überall verbunden. Es gibt keine weißen Flecken auf der Landkarte mehr. Wir können die Welt in unserem Wohnzimmer erleben, an vielem teilhaben und größere Zusammenhänge sehen. Dabei gilt es aber, die vielen Eindrücke und Informationen zu verarbeiten.

Durch Nachrichten und Wirtschaftssendungen werden verstärkt Bilder von Hoffnungslosigkeit, Depression und Mangel weitergegeben, und durch die ständige Wiederholung bestimmter Informationen werden diese Eindrücke manifestiert und vertieft, bis sie zu einer nicht mehr in Frage gestellten Realität werden.

Natürlich haben wir ein Interesse daran, informiert zu sein, dürfen dabei aber nicht aus den Augen verlieren, dass durch die Dichte und Einseitigkeit gezielter Informationen unsere Realität bestimmt, zum Teil sogar verzerrt wird. Wird etwas immer und immer wiederholt, formt es sich langsam zu einer akzeptierten Tatsache.

Ich glaube nicht an diese „Tatsachen". Natürlich sehe ich, dass nicht alle Informationen aus der Luft gegriffen und nur Stimmungsmache sind. Aber welche Informationen weitergegeben und wie sie verarbeitet und kommentiert werden, ist von der Sichtweise und der Ausrichtung des Berichterstatters geprägt. Die Tatsachen sind, wie sie sind, und dass es verschiedene Auslegungen gibt, steht außer Frage.

Die Medien könnten aber auch mehr Berichte veröffentlichen, die Mut machen, Unterstützung bringen und Wege aufzeigen, was wir tun können.

Betrachten wir vor diesem Hintergrund doch einmal, welche Informationen überhaupt in die Medien, besonders in die Nachrichtensendungen, gelangen. Das sind in der Regel Katastrophen, Unglücke und Schicksale. Natürlich sind auch Sport, Politik, etwas Kultur und das Wetter vertreten. Manchmal, wenn ich die Nachrichten anschaue, drängt sich die Frage auf, ob es überhaupt noch etwas Erfreuliches in dieser Welt gibt. Schaue ich dann auf mein Leben, sehe ich so viel Schönheit, so viele Möglichkeiten und verspüre eine so große Dankbarkeit. Lebe ich denn in einer völlig anderen Welt?

Ja und nein. Es scheint, als würde es Welten in der Welt geben, entweder geprägt durch das Bewusstsein innerer Freiheit und der Fülle, – oder das Bewusstsein des inneren GefangenSeins, der Negativität und der Angst. Da scheint in den letzten Jahren etwas Beachtliches geschehen zu sein.

Ich bin inzwischen einigen Menschen begegnet, die sehr realistisch und bodenständig mitten im Leben stehen, die auch diesen Pessimismus, die ganzen Mangel-, Leid- und Klagearien nicht mehr nachvollziehen können. Auch sie kennen das Gefühl, wie in einer anderen Welt zu leben, in einer Art Parallelwelt.

Leben wir in unterschiedlichen Welten, weil die einen vom Schicksal getroffen und die anderen davon verschont werden? Mein Mann war auch über ein Jahr ungewollt arbeitssuchend. Bedeutet das automatisch Leid oder ein Grund zu ständiger Klage? Es geht dabei nicht nur um die Geschehnisse allein, sondern um unsere Einstellung, und diese wird durch die Medien und unsere Stimmung maßgeblich beeinflusst. Es macht Sinn, Berichte mit etwas Abstand zu betrachten, denn sie reflektieren immer nur einen Ausschnitt. Das lässt sich selbst bei scheinbar objektiven Meldungen beobachten. Die Berichterstattung über einen Krieg zum Beispiel ist in den verschiedenen, vor allem in den betroffenen Ländern, oft sehr unterschiedlich, – angefangen bei der Anzahl der Toten über die Darstellung der Geschehnisse bis hin zu den Schlussfolgerungen. Manche, sehr wichtige und zentrale Informationen werden ausgesondert und erst gar nicht weiter gegeben. Das ist aber nicht nur bei Kriegsberichterstattungen so, sondern auch in allen politischen, wirtschaftlichen und gesellschaftlichen Themenbereichen.

Dasselbe lässt sich in unserem Leben auch in Beziehungen beobachten. Streiten sich zwei Menschen, sehen sie dieselbe Situation mit verschiedenen Augen. Ihre „Berichterstattung“ derselben Situation, auch der sogenannten „Tatsachen“, wird unterschiedlich, vielleicht sogar entgegengesetzt sein, und jeder glaubt, mit seiner Darstellung Recht zu haben.

Sollten wir uns nicht vor diesem Hintergrund die Freiheit bewahren, die Subjektivität aller Informationen zu berücksichtigen? Wir wissen auch nicht, durch welchen Filter – Motivationen, Absichten und Hintergründe – Informationen zu uns gelangen.

Die Situation unsers Lebens und der Wirtschaft ist neutral. Ob wir sie positiv oder negativ betrachten, obliegt uns selbst. Was wir für gut oder schlecht halten, ist nur unsere Bewertung. Es bleibt auch unsere Bewertung, diese wirtschaftliche und gesellschaftliche Situation für eine Katastrophe oder für die Chance eines Neuanfangs zu halten. Weder das eine noch das andere ist die einzige Wahrheit. So sollte man wissen, dass wir diese Hoffnungslosigkeit selbst erschaffen, wenn wir an sie als einzige Realität glauben. Würden ab morgen die Medien Beiträge der Hoffnung senden, würde das die Stimmung im Land sicherlich ändern, obwohl die Tatsachen und Zahlen zunächst noch dieselben wären.

Nur mit Abstand ist es möglich, sich von den Stimmungen der Medien nicht beeinflussen zu lassen und eine freie Sichtweise und das Vertrauen in das Leben zu behalten. Natürlich hat sich vieles verändert, und vielleicht sind die Herausforderungen dieser Zeit größer geworden, aber es hilft nicht, uns mit depressiven Katastrophenstimmungen schachmatt zu setzen. Die Medien tragen dazu bei, diese Epidemie zu verbreiten. Ich habe nichts gegen die Medien, spiegeln ihre Berichterstattungen doch einen großen Teil der Gedanken und Gefühle der Menschen wider. Darüber hinaus können auch Sportübertragungen, Filme und andere Sendungen zu Entspannung, Freude und der Erweiterung unseres Horizontes beitragen. Außerdem bin ich immer wieder beeindruckt, wie manche, sehr kommerziell ausgerichteten Filme, die Millionen von Menschen in der ganzen Welt im Kino und im Fernsehen schauen, auf ganz spielerische Art und Weise unsere Herzen berühren und dabei manche tiefe Weisheit und Botschaft transportieren. Nicht ein Bruchteil der Menschen wäre wahrscheinlich bereit, sich einen Vortrag, der dasselbe Thema in trockener Form mit derselben Energie und Botschaft vermittelt, anzuhören. Es braucht wohl für viele Menschen diese spielerische Komponente und den Abstand des unverfänglichen Berührt – Werdens, um sich zu öffnen. Deshalb ist mir manchmal unverständlich, wie manche spirituell orientierten Menschen Fernsehen und Kino, sowie alles Kommerzielle, vehement ablehnen. Es ist doch wunderbar, auch bereits vorhandene Möglichkeiten, wie zum Beispiel das Kino nutzen, um durch Botschaften der Freude, des Friedens und des Herzens viele Menschen zu berühren. Es hilft uns nicht, in der Aggression gegen bestehende wirtschaftliche und gesellschaftliche Strukturen stecken zu bleiben. Schließen wir doch Frieden damit. Wir können die Welt nicht völlig verändern und umstrukturieren. Was wir aber können, ist das Vorhandene nutzen und von innen heraus durch Liebe und Ausgewogenheit in aller Einfachheit nähren und wandeln. Was nutzt es, philosophische und spirituelle Weltverbesserungsvorschläge im stillen Kämmerlein oder in der Theorie zu verkünden, wenn wir sie nicht im Alltag umsetzen und leben?

In allen bestehenden Bereichen unseres Lebens können wir etwas verändern, auf unsere eigene Art und Weise.

Die Medien können uns darüber hinaus auch Erkenntnisse schenken. Das gilt auch für Bücher, von denen mir einige in meinem Leben zu wichtigen Erkenntnissen und innerer Befreiung verholfen haben. Dasselbe gilt natürlich auch für manchen Bericht und für manche Fernsehsendung. Immer wieder habe ich einige Zeit bewusst kein Fernsehen geschaut und keine Zeitung gelesen. Durch den Vergleich, wie es war, einerseits durchs Fernsehen informiert zu werden, andererseits aber längere Zeit auf diese Informationen zu verzichten, konnte ich deutlich die Beeinflussung durch die Medien erkennen.

Beobachten Sie bitte einmal genau, wie sich eine Nachricht, wenn Sie sie öfter hören, auf Ihre Stimmung auswirken kann. Ist Ihnen schon einmal aufgefallen, wie Sie gut gelaunt das Fernsehen eingeschaltet oder die Zeitung aufgeschlagen haben und sich dann ein Gefühl der Schwere in Ihnen ausgebreitet hat? Konnten Sie die Wirkung, die von Berichterstattungen ausgehen kann, spüren? – Und wie diese Ihre Gedanken und Emotionen beeinflussen können? Wenn wir gut gelaunt sind, dem Leben zuversichtlich begegnen, uns aber immer wieder mit bestimmten depressiven Informationen impfen lassen, verlieren wir Vertrauen und Zuversicht, wobei das sehr subtil geschieht. Wir müssen nicht propagierte Wahrheiten übernehmen, ohne sie zu hinterfragen und uns in unser Schicksal ergeben, Hoffnungslosigkeit und schlechte Stimmung nicht als unveränderlich hinnehmen, – und Sichtweisen, die uns schwächen, keinen Raum geben. Wir können das Fernsehen ausschalten und Diskussionen, bei denen sich die Gemüter nur erhitzen und es zu keinem konstruktiven Austausch kommt, vermeiden. Statt Stimmungsmache und sinnloser Diskussionen können wir unsere Energien auf unser praktisches Leben konzentrieren, auf das, was wir tun *können,* auf das Naheliegende, das in aller Einfachheit vor uns liegt und unsere Aufmerksamkeit und unser Engagement erfordert. Begegnen wir dem Leben mit Mut und Zuversicht! Aber auch wenn wir traurig sind und zweifeln, ist daran nichts falsch. Das brauchen wir nicht zu unterdrücken. Traurigkeit, Angst und Zweifel können uns nur dann behindern, wenn wir uns daran klammern, sonst gehen sie, genauso wie sie gekommen sind. Halten Sie sich nicht an Ohnmacht und Verwirrung fest. Stellen Sie immer wieder Ihre Mangel- und Angstprogramme in Frage.

Manchmal ist es sinnvoll, unseren Blick auf unser Leben zu richten und dankbar für das zu sein, was das Leben uns an Fülle schenkt. Vielleicht sind in unserem Leben gar keine Einschränkungen vorgesehen, aber gefangen in Pessimismus und Enge gestalten wir uns eine Realität des Mangels, obwohl es Ausdehnung und Zuwachs geben könnte. Und dann sehen wir auch dort Mangel, wo Geschenke für uns sind. Ist das nicht traurig? Nutzen Sie die Geschenke, die Ihnen das Leben macht.

Richten wir also unsere Aufmerksamkeit auf unsere Möglichkeiten, anstatt uns von einer „deutschen Depression“ erfassen zu lassen. Sagen wir Nein! Es ist auch Ausdruck unserer Freiheit, das Fernsehen einzuschalten oder nicht. Wenn wir feststellen, wie viel Macht die Medien in unserem Leben haben und wie sehr sie uns manipulieren, sind es doch *wir*, die die Manipulation zulassen. *Wir* haben die Freiheit zu wählen, was wir aufnehmen wollen.

Dass immer mehr Sendungen mit massiver Gewalt gezeigt werden, gefällt mir persönlich nicht, aber sie scheinen ja für viele Menschen passend zu sein. Es muss eine starke Nachfrage geben, sonst würden diese Filme, allein aus wirtschaftlichen Gründen, nicht gezeigt werden. Ich selbst werde dadurch nicht eingeschränkt, denn ich brauche mir das, was mir missfällt, nicht anzuschauen. Mich zwingt niemand dazu.

Wir sollten auch bedenken, dass jeder durch seine Nachfrage mitbestimmt, was in den Medien berichtet und gezeigt wird. Wenn niemand Lust auf Sendungen mit Gewalt hätte, würden auch keine gesendet werden. Momentan wünscht sich das wohl ein Großteil unserer Bevölkerung. Das akzeptiere ich. Wenn durch die Medien die schlechte Stimmung weiterverbreitet wird, müssen wir das nicht in uns aufnehmen. Wir können dem ein Ende setzen, indem wir nicht mit jeder Welle, die angeboten wird, mitschwimmen.

Das Fernsehen beeinflusst unsere Gefühle und Gedanken sehr macht- und wirkungsvoll, denn durch die Bilder, die eine gewisse Lebendigkeit und Echtheit erzeugen, ist es, als wären wir selbst involviert und somit ein Bestandteil des Films oder der Sendung. Das wirkt sich unmittelbar auf unser Gefühlsleben aus und nimmt Einfluss auf unser Denken.

Aber nicht nur die Ebene der Gedanken und Vorstellungen ist eingeschaltet, da wir direkt auch die Stimmungen anderer durch ihre Mimik, ihren Körper- und Gefühlsausdruck aufnehmen und alles miterleben. Es wirkt sehr subtil, aber nachhaltig auf die unbewussten Schichten unserer Gefühls- und Erlebniswelt. So werden oft Tatsachen mit Stimmungen vermischt und scheinbare Realitäten erzeugt, die zu der Realität eines ganzen Volkes werden können.

Man sollte auch nicht vergessen, dass wir durch das Fernsehen ein Scheinleben präsentiert bekommen. Immer mehr Menschen erleben Erfahrungen nicht mehr direkt, sondern nur noch durch das Fernsehen. Die unmittelbare Berührung mit dem Leben ist aber sehr wichtig. Wir brauchen die direkte Erfahrung und müssen uns dem Leben direkt stellen. Hier spüren wir Grenzen, aber auch Möglichkeiten. Das Fernsehen hingegen bringt uns parallele Welten. Das kann sehr bereichernd sein. Aber wenn diese Welten mehr Gewicht bekommen als unsere eigenen, lebendigen Erfahrungen und wir nicht in uns selbst nach Erkenntnissen und Antworten suchen, ist etwas nicht in Ordnung. Dann können wir die ehrliche Antwort, die Weisheit, die uns das Leben durch unsere Erfahrungen schenkt, nicht mehr ausreichend nutzen. Weniger Zeit vor dem Fernseher zu verbringen ermöglicht auch mehr Kontakt zu den Menschen und öffnet mehr Raum für die Entfaltung kreativer Möglichkeiten. Manchmal entstehen dadurch auch Leerräume, denen es sich zu stellen gilt. Kommen wir einmal zur Ruhe und sind nicht ununterbrochen Reizen ausgesetzt, sind wir viel stärker mit uns selbst und unseren Gefühlen konfrontiert. Aber gerade durch diese freien Räume entsteht manches, was sonst nicht möglich wäre. Wenn wir uns nicht ständig berieseln lassen, können wir unbeeinflusst dem begegnen, was wirklich in uns ist. Wir können uns besinnen und auch mit tieferen Aspekten in uns in Verbindung kommen. Es ist aber auch nichts falsch daran, sich ab und zu berieseln und ablenken zu lassen. Fernsehen zu genießen kann auch großen Spaß machen. Ich liebe es manchmal, die Tour de France, Biathlon, eine WM oder EM zu sehen, oder manchmal eine zu Tränen rührende Schnulze. Der Umgang mit den Medien ist letztlich, wie alles, nur eine Frage der Dosierung, der Bewusstheit und Ausgewogenheit.

☆☆☆

Politik und Wirtschaft – Emotionen brodeln

Viele Menschen geraten, wenn es um wirtschaftliche und politische Themen geht, in Wallung, und oft kommt es zu erhitzten Streitgesprächen, bei denen selbst friedlich und ruhig veranlagte Menschen eine unglaubliche Dynamik entwickeln und ärgerlich und laut werden können. Oberflächlich gesehen, scheint es nur um reine Sachfragen, um die „richtige" Politik und Wirtschaftsstrategie zu gehen. Genauer betrachtet wird aber deutlich, dass hier Gefühle aktiviert werden, die sich nicht nur auf die unmittelbare Thematik beziehen.

Warum reagieren wir also so intensiv, rechthaberisch, unbeweglich und emotional? Warum bewegen diese Themen manche Menschen mehr als die Geschehnisse in ihren Beziehungen und ihrem näheren Umfeld? Woher kommen diese enormen Gefühle, diese angestauten Emotionen wirklich?

Es kommen Emotionen in Bewegung, die an anderer Stelle nicht gelebt und wahrgenommen werden. Angefangen von Wut und Rechthaberei, über Macht und Ohnmacht, bis hin zu Überlebensängsten. Oft scheint die Intensität der Reaktionen nicht mehr mit den Geschehnissen in direktem Zusammenhang zu stehen. Es entlädt sich Wut an der Regierung, an den Politikern oder an einzelnen Gruppierungen unserer Gesellschaft.

Vielleicht ist es leichter, den Gefühlen freien Lauf zu lassen, ohne ein direktes Gegenüber zu haben, das einem nahe steht und mit Rückzug oder Ablehnung reagieren könnte. Vielleicht sind Enttäuschungen, Ängste, Ohnmacht und Wut, die den Eltern, dem Partner oder den Kindern gegenüber empfunden werden, schwieriger auszudrücken als dies bei übergeordneten und unpersönlichen Institutionen, wie dem Staat oder der Regierung, der Fall ist. Das sind zunächst nur Vermutungen. Für mich ist die maßlose Kritik und Wut mancher Menschen auf Politik, Regierung und Wirtschaft oft nicht mehr nachvollziehbar. Oft wirken diese Diskussionen auf mich eher wie Ausbrüche emotionaler Altlasten und nicht wie ein konstruktives Miteinander in Klarheit und Besonnenheit. Meist dreht es sich um unbewusste emotionale Motivationen, nicht um reine Sachfragen. Das macht eine objektive Betrachtungsweise umso schwieriger, weil die wirkliche Motivation nicht greifbar ist. Manchmal wird dabei auch nur die Überzeugung ausagiert, der bessere Mensch mit den einzig richtigen Ansichten zu sein.

Obwohl der Ausdruck und das Wahrnehmen von Gefühlen auch wichtig sind, nehmen unbewusste Motivationen und Emotionen eine zu große Rolle in unseren Reaktionen auf wirtschaftliche und politische Fragen ein und vernebeln einen klaren Blick.

Das heißt aber nicht, dass in diesen Bereichen Gefühle ausgeklammert werden und wir wie Maschinen denken und handeln sollten. Im Gegenteil, Intuition ist sehr hilfreich und notwendig und wird immer wichtiger werden. Sie ist untrennbar verbunden mit einer ausgewogenen politischen und wirtschaftlichen Handlungsweise. Aber es geht um die Klarheit unserer Motivation, unserer Gedanken und Gefühle und nicht um das Ausagieren emotionalen Altmülls unter einem neutralen sachlichen Deckmantel. Wir sind deshalb aufgerufen, hinzuschauen, woher so mancher Ärger und manches intensive Gefühl wirklich kommen. Projizieren wir doch weniger auf Politik und Wirtschaft und stellen uns stattdessen lieber unseren eigenen Gefühlen.

Schauen wir die Ursachen unserer Reaktionen an. Welche Emotionen, die wir sonst nicht ausdrücken können, äußern und übertragen wir hier? Welche Knöpfe werden hier bei uns gedrückt? Vielleicht fragen Sie jetzt: Was haben Wirtschaft und Politik denn mit meinen Emotionen und meinem privaten Leben zu tun? Nun, sehr viel, denn das ist nicht getrennt voneinander zu betrachten. Wir können hinterfragen, warum wir auf manches so intensiv reagieren. Worum geht es wirklich? Würden wir wirklich alles besser machen? Haben wir die Weisheit wirklich mit Löffeln gegessen?

Ich glaube, dass wir nicht nur politische und wirtschaftliche Veränderungen brauchen, sondern maßgeblich Motivationsarbeit und geistige und emotionale Reinigung und Stärkung. Wir benehmen uns manchmal so, als wären wir im Kindergarten. Bringen wir es doch auf den Punkt! Es geht um unsere Angst, die scheinbar existierenden Sicherheiten zu verlieren, weniger Luxus zu haben, übervorteilt zu werden und um die Angst vor Veränderung und Eigenverantwortung. Anstatt zu diskutieren, könnten wir uns mit diesen Ängsten auseinandersetzen und uns ihnen stellen. Warum kämpfen wir so gegen unsere Situation?

Sagen wir doch Ja dazu, nehmen wir mit Elan die Veränderungen vor, die nötig sind, und akzeptieren wir das, was momentan nicht zu ändern ist. Unsere Kraft geht zu sehr in den Kampf *gegen* die Situation, wie sie ist, weil wir die Tatsachen nicht akzeptieren wollen. Dabei lassen wir viele Federn. Akzeptieren wir doch, dass die Zeiten sich verändert haben. Die Welt ist nicht mehr die, die sie einmal war. Wir können uns gegen die Entwicklung in der deutschen Wirtschaft nicht sträuben. Die Kämpfe, die wir hier führen, sind in Wahrheit nicht nur Kämpfe mit Politik und Wirtschaft, sondern mit uns selbst und den Gesetzmäßigkeiten des Lebens, – aus Wut und Schmerz darüber, dass das Leben nicht immer unseren Wünschen entspricht.

Das Leben zeigt uns immer neue Möglichkeiten und sorgt für uns. Vielleicht nicht so, wie wir es erwarten, aber es gibt jenseits unseres eingeschränkten Horizont so viele Wege des Glücks und des Friedens, die uns dienen. Dem Fluss des Lebens zu folgen, ist erfolgsversprechender, als sich gegen ihn zu sträuben und an Überholtem zu klammern. Was vorbei ist, ist nicht festzuhalten. Dabei schließen sich Türen, aber es öffnen sich auch immer wieder neue! Richten wir nur den Blick auf den Verlust, kreieren wir unser Mangelszenario und gestalten unser eigenes Drama. Wenn jeder von uns diese Dramen nicht weiter nährt, können wir dem ein Ende setzen. Das setzt aber voraus, dass wir uns unseren Ängsten und unseren Gefühlen stellen und diese nicht auf andere projizieren. Denn besorgniserregender als alle Zahlen sind in meinen Augen wirklich unser emotionaler Zustand, der Pessimismus und die Angst, die soweit verbreitet sind. Dabei haben wir immer noch viele Möglichkeiten, denn da ist immer noch großer Wohlstand! Nur müssen wir lernen, „umzudenken“. Vielleicht entdecken wir manches, was wir bisher durch unseren Pessimismus übersehen haben. Diese Situation will uns neue Dimensionen aufzeigen. Bleiben wir in Selbstmitleid und Jammerei stecken, verpassen wir die wunderbare Chance zu sehen, dass das Leben uns zu Weiterentwicklung, zu Weisheit und Wachstum aufruft.

Die Entwicklung unserer Wirtschaft liegt auch in Ihrer Hand. Sie hängt auch von Ihrem Mut und Ihrer Tatkraft ab und nicht nur von Reformen, die von außen herbeigeführt werden. Ist das nicht eine gute Nachricht, dass Sie selbst etwas tun können? Ist es nicht eine gute Nachricht, dass Sie selbst aufräumen und sich von unnötigen Abhängigkeiten befreien und zu mehr Lebensfreude finden können?

☆☆☆

Perfektion

Die Suche nach Perfektion ist in unserer Gesellschaft sehr ausgeprägt. Wir haben Schwierigkeiten, fünfe gerade sein zu lassen und, Perfektion hin oder her, einfach nur zu leben und glücklich zu sein.

Durch das Streben nach Perfektion erzeugen wir meist nur Unzufriedenheit, werden kleinlich und suchen nach dem Haar in der Suppe. Wann soll das jemals mit uns und dem Glück etwas werden, wenn keine Situation perfekt genug ist und wir meist dem vermeintlich Besseren hinterher jagen? So werden wir nie satt.

Aber wie sieht denn unsere Suche nach Perfektion überhaupt aus? Das kann damit beginnen, dass Sie von sich erwarten, ein spirituell hoch entwickelter Mensch zu sein, der immer sanft und verständnisvoll ist, nur Rohkost, aber auf jeden Fall kein Fleisch und Fisch isst, über alles gelassen drübersteht und auf keinen Fall raucht, wütend wird oder flucht, sich nicht bei einem Bier, Chips und beim „Proletensport Fußball" im Fernsehen entspannt, – und, und, und. Bei anderen hingegen ist das Glück nicht perfekt, wenn sie nicht erfolgreich sind, sich das eine oder andere finanziell nicht erlauben können, nicht den richtigen Partner haben, oder der Vermieter Ärger macht.

Was also erwarten wir? Unser Glück ist nicht von den perfekten Umständen abhängig, und die Perfektion, die wir in unseren Vorstellungen kreieren, ist meist unerreichbar. Sie ist nur eine Geburt unserer Gedanken und unseres Geistes, stellt sich über unsere Menschlichkeit und glaubt, erhabener und mächtiger zu sein. Doch die Rechnung geht nicht auf. Die Weisheit, die allem zu Grunde liegt, ist viel umfassender. In ihr liegt Vollkommenheit, wohingegen die Perfektion unserer Vorstellungen wenig erfüllend, unlebendig und fahl ist.

Und da ergibt sich auch die Frage, wie das denn mit Menschen ohne Ecken und Kanten ist, die perfekt und glatt sind? Wollen wir das wirklich? Sind wir nicht oft genug Menschen begegnet, die perfekt und glatt waren, uns trotzdem langweilten und unser Herz nicht berühren konnten, weil es eben gerade die Menschen mit Ecken und Kanten sind, die auf uns eine Faszination ausüben? Und so stellt sich die Frage der Perfektion nicht nur bei Menschen, sondern auch im Zusammenhang mit den perfekten Zeitpunkten und den perfekten Situationen. Dazu hier ein Beispiel:

Wie oft habe ich Eltern sagen gehört, dass ihre Kinder einfach in ihr Leben gekommen sind. Hätten sie auf die perfekten Umstände ihrer Vorstellungen gewartet, hätte es den richtigen Zeitpunkt nie gegeben. Auf eine viel tiefere Art und Weise war dann doch alles perfekt. So stellt sich vieles in unserem Leben, von dem wir zu wissen glauben, wie es perfekt wäre, als Hirngespinst heraus, denn letztendlich geschieht doch alles so, wie es kommen soll.

Ein Übermaß an Perfektion kann auch Lebendigkeit und Bewegung verhindern und Starre sowie einen „schleichenden Tod" erzeugen. Wo bleibt die Freude am Leben, wenn wir immer der Erfüllung unserer unrealistischen Ansprüche an uns und anderen hinterher rennen und nie gut genug sind? Wo bleibt die Freiheit, auszuprobieren? Die Last, alles gut machen zu müssen, ist lähmend und verhindert das Fließen kreativer Ideen und eine freie Entfaltung unserer Möglichkeiten.

Der Wille zur Weiterentwicklung und Verbesserung menschlicher Lebensumstände ist etwas ganz Natürliches. Nur wenn wir zuviel Perfektion erwarten, bremsen wir uns aus, nehmen uns die Motivation, werden unzufrieden und versäumen es manchmal, das Naheliegende zu tun. Anstatt verbissen nach absoluter Perfektion zu streben, können wir auch mit Gelassenheit und Leichtigkeit unsere Wege beschreiten.

Auch die momentane wirtschaftliche Situation scheint nicht unseren Erwartungen und unserem Wunsch nach perfekten Lösungen zu entsprechen. Dabei warten doch so viele auf *die* Lösung. Aber was ist schon „die" Lösung?

Wir erwarten meistens, dass alles unseren Erwartungen gemäß läuft. Pech gehabt, werden wir doch immer wieder direkt mit dem Leben konfrontiert, das nicht der perfekten Welt unserer Vorstellungen entspricht.

Wir gehen meistens davon aus, dass das Leben nicht richtig ist. Und ich frage Sie immer wieder: Glauben Sie wirklich, dass dem Leben, wie es ist, ein Irrtum zu Grunde liegt? Das könnte wohl eher auf unsere Erwartungen und Vorstellungen zutreffen. Wir können nicht wie auf einem Wattebausch gebettet leben und auf die Rettung warten. Und außerdem – was haben wir von den perfekten Lösungen, wenn das Leben alles über den Haufen wirft? Wir sind aufgerufen, die momentanen Begebenheiten anzuerkennen, entsprechend zu handeln und, wenn es erforderlich ist, auch Kompromisse einzugehen. Auch der Wandel unserer wirtschaftlichen Situation ist nichts Fixes, beinhaltet Entwicklung und kann nicht durch die *eine* perfekte Lösung herbeigeführt werden. Das Leben fordert uns heraus, Erfahrungen zu machen und daraus zu lernen. Wenn wir in unrealistische Höhen streben, stürzen wir ab und erreichen weniger, als wenn wir angemessenen Schrittes gehen. Es ist viel sinnvoller, sich den Herausforderungen des Lebens zu stellen, als sich in diesen schwindelnden Höhen perfektionistischer Erwartungen zu bewegen.

Hinter dem Streben nach Perfektion liegt oft die Angst vor möglichen Fehlern und vor Kritik. Es ist in unserer Gesellschaft wichtig, den Anschein von Unfehlbarkeit zu wahren, weil das ein Garant dafür zu sein scheint, unverletzbar und sicher zu sein. Den Anschein von Perfektion zu erwecken scheint ein Zeichen für Stärke zu sein, während es meist als Zeichen der Schwäche gesehen wird, menschlich zu sein. Aber „Fehler" zu machen und aus ihnen zu lernen, - das ist keine Schwäche, im Gegenteil.

Aber was sind schon Fehler und Schwächen? Auch das obliegt wieder einer subjektiven Bewertung und ist eine Frage der Betrachtungsweise. Werden nicht oft Erfahrungen nur deshalb als Fehler bezeichnet, weil wir mit ihnen den scheinbar geraden und perfekten Weg verlassen? Wenn wir diese Bewertungen in Frage stellen, bleibt, dass wir einfach nur verschiedene Erfahrungen machen.

Wir haben oft Angst, etwas zu wagen, uns verwundbar zu machen und zu unserem Menschsein zu stehen. Nehmen wir doch unsere Menschlichkeit endlich an, anstatt sie zu verurteilen und gegen sie zu kämpfen. Lassen Sie uns den Boden bereiten für mehr Natürlichkeit, Tatkraft und Menschlichkeit in unserem starren System von Perfektion und hochtrabenden Erwartungen und Zielen. Lassen Sie uns etwas wagen, auch wenn wir damit zunächst vielleicht verletzbarer und angreifbarer zu sein scheinen. Denn je mehr wir wagen, je mehr wir den Mut haben, uns zu zeigen, desto stärker können wir auch der Kritik ausgesetzt sein. Aber wir können niemals alles perfekt machen. Wir können nur unser Bestes geben. Wir müssen den Mut haben, selbst härteste Kritik auszuhalten und dennoch das tun, was wir tun müssen.

Ich habe das auch beim Schreiben meiner Bücher beobachtet. Kaum waren sie geschrieben, hätte ich sie schon wieder verändern können. Wenn wir etwas tun, ist immer menschliche Unvollkommenheit im Spiel. Wir müssen dieses Risiko eingehen, denn wenn wir nichts tun, kann sich auch nichts bewegen.

Lassen wir uns doch mehr Spielraum, anstatt uns unnötig einzuengen und zu lähmen. Es ist fatal für uns wie für den wirtschaftlichen Erfolg, wenn wir damit beschäftigt sind, nicht kritisierbar zu sein und uns nicht in die Karten schauen zu lassen. Uns Schwächen einzugestehen und aus ihnen zu lernen, – das ist wichtig! Nur so können wir auch anderen Menschen offenen Herzens begegnen.

Wenn wir den Anschein erwecken, perfekt zu sein, schaffen wir Distanz und Kälte. Wissen wir um unsere eigene Menschlichkeit, sind wir geduldiger und haben mehr Mitgefühl und Verständnis für andere und keinen Spaß daran, in ihren Schwächen herumzubohren. Die Suche nach dem Perfekten kann eben auch die Falle der Unnahbarkeit und Arroganz in sich bergen.

Wir können uns nur weiterentwickeln, wenn wir Neues wagen, denn vieles lässt sich rein theoretisch nicht lösen, sondern klärt sich erst, wenn wir den Mut haben, anzufangen. Wie soll sich etwas bewegen, wenn wir uns nicht trauen zu handeln?

Allerdings geht es weder darum, kopflos zu handeln, noch darum, aus dem Anspruch nach Perfektion das Handeln zu vergessen. Wenn wir zu stark nach Perfektion streben, besteht die Gefahr, dass wir dabei auch unsere Spontaneität und unsere Intuition vergessen und alles nur an einem Optimum messen und die Ziele zu hoch und unrealistisch ansetzen. Wie oft wird nichts gewagt, weil jedes Tun sofort an dem perfekten Endergebnis gemessen wird. Lassen wir uns doch mehr Spielraum.

Natürlich ist das Bemühen um die bestmögliche Ausführung wundervoll und sehr hilfreich. Es macht Sinn, unser Bestes zu geben und Verbesserungen vorzunehmen, und unser Streben nach Genauigkeit und Perfektion hat uns ja in der Vergangenheit auch Erfolg gebracht und gedient. Hierin lagen und liegen sicher auch einige unserer Stärken. Es ist aber wichtig dabei, nicht verbissen, sondern flexibel zu sein. Diese Flexibilität bezieht sich auch auf ein anderes Phänomen in unserer Gesellschaft, nämlich den Glauben, das, was einmal angefangen wurde, zu Ende führen zu müssen. Wer sagt das eigentlich? Wenn wir etwas beginnen und sich dann herausstellt, dass es andere, bessere Möglichkeiten gibt, die Sache fortzusetzen oder zu Ende zu bringen, wären wir doch dumm, das, was wir angefangen haben, unverändert weiterzumachen. Sicherlich gibt es auch Situationen, in denen es sinnvoll ist, das Angefangene trotzdem zu Ende zu führen. Wir müssen aber nicht, wie es früher selbstverständlich war, einen bereits eingeschlagenen Weg ohne Rücksicht auf Verluste weiterverfolgen. Wie oft gehen wir gewohnte Wege, auch wenn sie uns behindern und uns nicht gut tun, nur deshalb weiter, weil sie zuverlässig, sicher und bekannt sind. Das ist nicht unbedingt klug, denn es stillt nur unser Bedürfnis nach Sicherheit und Kontrolle, die wir dadurch aber auch nicht erhalten. Das, was einst richtig war, muss nicht für immer Gültigkeit behalten, ohne dass die Angemessenheit und Notwendigkeit in der Vergangenheit in Frage gestellt wird. Weiterentwicklung geschieht von selbst, wenn wir offen, der gegenwärtigen Situation entsprechend, handeln. Es gibt kein Ende von Entwicklung. Wir können das Leben nicht einfrieren. Die Zeit heute erfordert die Offenheit, sich in jedem Moment auf neue Begebenheiten einzustellen, – und dabei kann auch weniger Streben nach Perfektion, Kontrolle und Sicherheit zu mehr Lebendigkeit führen und Räume frei geben für individuelle und angemessene Lösungen.

Integration von Ost und West

Ich wende mich in diesem Kapitel manchmal an die west- und dann an die ostdeutsche Bevölkerung, die ich hier der Einfachheit halber Ostdeutsche und Westdeutsche nenne.

Das erzeugt zunächst einmal eine scheinbare Trennung, obwohl mein Anliegen viel mehr das Miteinander ist.

Eine weitere Gefahr bei solchen Zuordnungen ist natürlich die der Verallgemeinerung. Genauso wenig wie allgemein gültige Aussagen über *alle* Frauen, *alle* Deutschen, oder alle Unternehmer zutreffend sind, sind sie das über Ost- und Westdeutsche. Es gibt sicherlich nicht „den" Ossi oder „den" Wessi. Mir geht es nur um die Reflektion unserer Einstellungen und Gefühle zueinander und um mögliche Verbesserungen unserer Beziehungen. Das ist ein nicht zu unterschätzender Faktor für unsere wirtschaftliche Situation.

Das beginnt nicht erst mit der Frage, wie die Arbeitsmarktlage, besonders in den neuen Bundesländern, durch die Politik verbessert werden kann, sondern ist auch eine Frage unserer Initiative, unserer Offenheit und eines tieferen gegenseitigen Verstehens. Viele Westdeutsche scheinen die Menschen der ostdeutschen Bundesländer, oft ohne sich dessen bewusst zu sein, als deutsche Bürger zweiter Klasse zu empfinden. Diese hingegen fühlen sich oft als die, die dazugekommen und nur geduldet sind. Dabei ist es für Westdeutsche wichtig, dem Gefühl der Arroganz, dem Gefühl, weiter entwickelt, fleißiger, erfahrener und selbstständiger, ja einfach „besser“ zu sein, in die Augen zu schauen. Arroganz ist etwas, was wir alle kennen.

Manchmal erscheint es so, als wären die neuen Bundesländer nur ein Klotz am Bein, mit dem es irgendwie fertig zu werden gilt, und als würden die Westdeutschen ihnen in allem voraus sein und die Menschen der neuen Bundesländern nur von ihnen profitieren. Aber stimmt das überhaupt?

Wenn wir die negativen Wertungen über ein kontrollierendes, sozialistisches System, wie es in der ehemaligen DDR geherrscht hat, genauer betrachten, so war dort nicht alles nur schlecht und bei uns nicht alles nur gut. Alles hat seine zwei Seiten, auch die Erfahrungen mit einem sozialistischen System. So kannten die Menschen in der DDR keine Arbeitslosigkeit und keinen Kampf auf dem Arbeitsmarkt. Für sie war gesorgt. Plötzlich sehen sie sich jetzt „im goldenen Westen“ mit all dem konfrontiert. Wer sagt, dass unser System einzig richtig und ihr sozialistisches nur schlecht war? Diese menschliche Angewohnheit der Spaltung, manches zu idealisieren und wiederum an anderen Dingen kein gutes Haar zu lassen, ist bei diesem Thema nicht hilfreich.

Mich hat die folgende Geschichte sehr berührt, die mir ein Bekannter, der in Ostdeutschland lebt, erzählt hat:

„Mit dem Fall der Mauer und dem, was sich in den Jahren danach ergeben hat, haben sich die Werte wie Gleichheit (des Lebensstandards) und Brüderlichkeit, die ich zu DDR Zeiten oft als angenehm empfunden habe, sehr verändert: Im Fußballverein bin ich einem Bekannten begegnet, der inzwischen arbeitslos ist. Als ich mit meinem neuen Cabrio angefahren kam, hat mich der Bekannte nicht mehr angeschaut. Plötzlich war wohl nur noch das Bild präsent, „hier bin ich, der Arbeitslose, und da ist der Reiche mit dem Cabrio“ und nicht mehr die Begegnung von Mensch zu Mensch in einem Fußballverein.“

Es ist immer wieder dasselbe Spiel der Rollen und Identifizierungen, hier der Ossi, da der Wessi, hier der Schlaue, da der Dumme, der Reiche, der Arme... Aber was sind wir jenseits dieser Identifizierungen? Menschen, nichts anderes als Menschen! Trotzdem ist natürlich Unterschiedlichkeit durch unsere Individualität und Einzigartigkeit gegeben. Wir können diese akzeptieren, brauchen uns damit aber nicht zu identifizieren und keine Wertung vorzunehmen. Es geht doch nicht um Besser und Schlechter.

So haben die Ostdeutschen Potenziale und Fähigkeiten durch ihre Erfahrungen, die wir Westdeutschen nicht entwickeln mussten. Eine wundervolle Fähigkeit vieler Menschen der ostdeutschen Bundesländer ist es, improvisieren zu können, aus Nichts etwas zu machen und sehr erfinderisch zu sein. Das ist ein nicht zu unterschätzendes Potenzial. Auch kann es sinnvoll sein zu prüfen, ob nicht einzelne Projekte, wie zum Beispiel die eines größeren Angebotes der Kinderbetreuung, wie in der DDR, in Ansätzen auch für uns im Westen sinnvoll sind. Das geschieht bereits.

Bei uns hat immer die Überzeugung geherrscht, dass ein Kind die ständige Aufmerksamkeit seiner Mutter braucht, damit es gedeihen kann und keinen Schaden nimmt. Wer sagt das? Viel Zeit für ein Kind zu haben scheint gleichbedeutend damit zu sein, ein Kind zu lieben und eine gute Mutter zu sein. Aber wie viele haben sich als Kind davon erdrückt und dennoch nicht geliebt gefühlt? Es muss doch nicht *alle* Liebe, *alle* Aufmerksamkeit durch *einen* einzigen Menschen, die Mutter, kommen.

Früher, im Rahmen der Großfamilie, zum Beispiel auf dem Land, war es oft genug doch auch nicht nur die Mutter allein, die sich um die Kinder gekümmert hat, weil sie auch noch auf dem Feld arbeiten musste. Alle Formen sind möglich. Heutzutage arbeiten viele Frauen, weil es finanziell unerlässlich ist. Außerdem lieben viele Frauen ihren Beruf und möchten gar nicht zu Hause bleiben, bis die Kinder aus dem Hause sind. Da ist ein erweitertes Kinderbetreuungsprogramm hilfreich. Es gibt sicherlich noch einige andere Ansätze und Möglichkeiten, die die Menschen zu DDR Zeiten entwickelt haben, die in veränderter Form auch für uns hilfreich sein können. Wenn Sie mich jetzt in die Ecke politisch links und sozialistisch einordnen und glauben, ich wolle eine zweite DDR einführen, haben Sie sich getäuscht. Mir ist nur wichtig, genau hinzuschauen und das Potenzial der ostdeutschen Menschen zu achten. Ich spüre ganz tief in mir, wie hier Möglichkeiten nicht beachtet, sondern verdrängt werden und ein Schattendasein führen. Aus arrogantem und engstirnigem Denken wird selbst das als Last wahrgenommen, worin bei genauerem Betrachten ein Geschenk läge. Was also ist zu tun?

Wir können alle, jeder individuell, die Überzeugungen, Bilder und Urteile, die wir einander entgegenbringen, beleuchten, in Frage stellen und uns offen, ohne Vorurteile, begegnen.

Vergleichen wir das Ganze einmal mit einer Ehe. Zwei Wesen mit unterschiedlichen Prägungen, Erfahrungen und Persönlichkeitsmerkmalen treffen aufeinander. In einer glücklichen Beziehung verändern, erweitern, ergänzen und bereichern sich beide gegenseitig. Und aus eins und eins wird nicht nur zwei, sondern etwas Neues, Drittes. Schwierig wird es erst, wenn ein Partner erwartet, dass sich der andere anpasst und sich völlig aufgibt. Genauso können Westdeutsche nicht erwarten, dass sich die Ostdeutschen pflegeleicht in ihr System einfügen, ohne dass sie mit ihren Prägungen und Gefühlen berücksichtigt werden. Es sind zwei verschiedene Lebensweisen und Wirtschaftssysteme zusammengeführt worden. Das erfordert nach wie vor Annäherung von beiden Seiten und die Notwendigkeit, den „dritten Faktor", die gemeinsame Veränderung und Entwicklung, zuzulassen.

Die alten Bundesländer können nicht unbeweglich an ihren, seit langem reformbedürftigen Strukturen festhalten und erwarten, dass sich nur die neuen Bundesländer bewegen. Es heißt, die Fähigkeiten und Qualitäten der ostdeutschen Menschen mehr wahrzunehmen und anzuerkennen und sich von der Erwartung zu verabschieden, dass sich einzig diese problemlos einfügen und sich einzig nur diese genug anstrengen müssen, damit alles beim Alten bleiben kann. Beim Alten wäre es so oder so nicht geblieben, – mit oder ohne Wiedervereinigung!

Für unsere wirtschaftliche Entwicklung ist es wichtig, die Unterschiedlichkeit vergangener Prägungen der West- und Ostdeutschen zu berücksichtigen, denn diese jahrzehntelangen Prägungen lassen sich nicht von heute auf morgen auslöschen. Es erfordert Geduld, Toleranz und die Bereitschaft, uns mit unseren unterschiedlichen Erfahrungen anzunehmen. Unser Land und unsere Wirtschaft sind nicht mehr das, was sie einmal waren. Wir sind ein *neues* Land. Es ist wichtig, dass uns das in der Tiefe bewusst wird.

Natürlich haben noch viele Menschen die Erinnerung an zwei getrennte Länder, Westdeutschland und die DDR, und ihnen wird immer wieder bewusst, wie unterschiedlich doch viele Dinge auch heute noch sind. Aber wir müssen uns ja nicht zwanghaft angleichen. Unter Westdeutschen gibt es auch viele Unterschiedlichkeiten. Da können sich in der Begegnung von Mensch zu Mensch mancher West- und Ostdeutsche sehr viel näher sein als vielleicht ein Münchner und ein Berliner, oder der ein oder andere Münchner. Vieles, was wir pauschal, politisch und gesellschaftlich nicht ändern können, ist in unseren alltäglichen Kontakten möglich. In DDR Zeiten waren die Menschen in Ostdeutschland durch den Staat versorgt, der gleichzeitig einen Großteil des Lebens organisiert und kontrolliert hat. Das hat natürlich nicht gerade die Individualität und Eigenverantwortung gefördert. Für Ostdeutsche bedeutet das, jetzt mehr Selbstverantwortung und Eigeninitiative zu entwickeln und sich den marktwirtschaftlichen Anforderungen zu stellen. Denn unsere Gesellschaft wie unsere Wirtschaft im Westen sind grundlegend auf der Initiative des Einzelnen und auf Eigenverantwortung aufgebaut. So ist es allerdings auch nicht sinnvoll, den neuen Bundesländern die Strukturen der alten Bundesländer überzustülpen. „Die Wessis" hingegen können nicht die ostdeutschen Bundesländer verändern und mittragen. Sie können aber Unterstützung geben, damit sich die Strukturen dort noch mehr von innen heraus erneuern. Es gilt weniger darauf zu schauen, was fehlt, als vielmehr bei den vorhandenen Möglichkeiten anzusetzen und nicht zu sehr auf Kräfte von außen zur Veränderung ihrer Situation zu bauen. Denn sonst liegt die Verantwortung für die Gestaltung der Lebensumstände wieder bei Dritten.

Es ist für die neuen Bundesländer wenig hilfreich, auf mehr Unterstützung von außen zu warten. Die Entwicklung unserer gesamtdeutschen Wirtschaft ist eng damit verbunden, dass wir *alle* in unsere Kraft und zu mehr Initiative und Eigenverantwortung finden. Und dabei ist es wichtig, dass die Kraft aus den eigenen Wurzeln kommt. Damit in den ostdeutschen Bundesländern effektive Veränderungen geschehen können, ist es sehr wichtig, dass die Menschen dort sich weniger auf den Staat und die westdeutschen Kräfte verlassen, sondern ihr eigenes, schöpferisches Potenzial nutzen, um notwendige Veränderungen aus eigener Kraft zu schaffen.

Und noch etwas ist mir in diesem Zusammenhang sehr wichtig zu erwähnen:

Wenn Westdeutsche sich für ostdeutsche Bundesländer engagieren, ist das kein Heldentum, denn wir sind *ein* Land und tun das auch für uns selbst, denn wenn die Wirtschaft in den ostdeutschen Bundesländern stagniert und es wenig Arbeit gibt, wirkt sich das auf uns alle aus. Wir alle sind zu Veränderung und Umstrukturierung aufgerufen. Da sitzen wir in einem Boot.

Die Bedeutung der neuen Bundesländer für unsere Wirtschaft und unsere Stabilität ist nicht zu unterschätzen. Einerseits wird hier ein wirtschaftliches Potenzial gesehen, andererseits aber werden die Kosten für den „Aufbau Ost“ oft für das Ausmaß unserer „wirtschaftlichen Herausforderungen“ verantwortlich gemacht. Sicher ist die „Wiedervereinigung“ immer noch eine Herausforderung. Vergessen wir dabei aber nicht die Erweiterung, die Bereicherung und die Freude, die viele nicht nur damals intensiv gespürt haben, als die Mauer fiel.

Es gibt so viele Begegnungen und Erfahrungen, die mir große Freude gemacht habe und die ich nicht missen möchte, und das geht sicher vielen Menschen so.

Beim Sport sind kaum trennende Faktoren zu beobachten. Selten wird unterschieden, beziehungsweise beachtet, aus welchem der Bundesländer der erfolgreiche Sportler stammt, der Deutschland bei internationalen Veranstaltungen vertritt. Wen interessiert es bei der Tour de France, ob Jan Ullrich ursprünglich ein Ost- oder Westdeutscher ist? Da interessieren nur seine Persönlichkeit, sein Kampfgeist und seine außerordentlichen Fähigkeiten.

Es ist ein unglaubliches Phänomen, wie die Fußballmannschaften der einzelnen Nationen oder auch einzelne Sportler eine Verbindung zwischen Menschen schaffen und ganze Länder in Bewegung setzen können, und wie Zugehörigkeit zu einem Land oder Nationalbewusstsein auf einmal keine Frage mehr ist. Da wird ganz einfach eine sehr tiefe emotionale Ebene berührt und bewegt. Daran sehen wir wieder, dass manche einfachen, scheinbar profanen Dinge mehr bewegen können als hochtrabende Ideen zur Veränderung unserer wirtschaftlichen Situation.

Veränderung und Wandel sind für uns alle, ob wir in den alten oder neuen Bundesländern leben, die zentralen Faktoren dieser Zeit. Niemand scheint dem entfliehen zu können. Warum auch? Was ist denn schlecht an Veränderung und Wandel? Wir lernen und machen neue Erfahrungen. Das ist doch spannend. Wo ist denn unsere Freude an neuen Erfahrungen? Bei uns allen ist der Mut gefragt, Bestehendes hinter uns zu lassen und etwas zu wagen. Sind Erneuerung und das Sprengen alter Strukturen für uns bedrohlich? Versuchen wir, das Neue mit unserer Unbeweglichkeit zu verhindern? Deutsche Wirtschaft in Ost und West braucht aber den Mut, neu gestaltet und den Gegebenheiten unserer Zeit angepasst zu werden. Das ist doch wundervoll und eine enorme Erleichterung. Damit befreien wir uns doch aus den Einschränkungen und Regeln überholter Strukturen. Wir sind eingeladen, „Auf- und Umbau“ selbst mitzugestalten. Schöpfen wir aus uns selbst und unseren Möglichkeiten. Bündeln wir in Ost und West unsere unterschiedlichen, vielfältigen Fähigkeiten und lassen wir etwas Neues daraus entstehen! Wirken wir gemeinsam, ergänzen und unterstützen wir uns. Es geht nicht allein! Und auch nicht von alleine! Wir sind aufgefordert, selbst aktiv zu werden und uns dabei trotz Gemeinsamkeiten Raum und Toleranz für Unterschiedlichkeit zu lassen.

Möglich, dass sich unsere wirtschaftliche Situation, auch durch die Wiedervereinigung, verschlechtert hat. Eins hat sich zum anderen addiert. Es lag aber, das sollten wir nicht vergessen, schon seit geraumer Zeit vieles im Argen. Jetzt wird uns nur zusätzlich die Dringlichkeit unserer Situation aufgezeigt. Das ist doch gut, denn durch diese Brisanz sind wir herausgefordert, endlich zu handeln! Wir hatten genug Zeit und Hinweise, auf die wir nicht reagiert haben.

Momentan scheint alles auf einmal und mit einer großen Vehemenz zu kommen, aber doch nur, weil wir vorher nicht genau hingeschaut und manches verdrängt haben. Dabei gibt es meist vorher eine Zeit, in der sich die Dinge langsam, sozusagen schleichend entwickeln, mit zahlreichen Hinweisen und Zeichen. Wenn wir diese verdrängen, kommen sie umso heftiger, und wir werden gezwungen, hinzuschauen. Wer kennt das nicht, etwas zu verdrängen, die Hinweise nicht sehen zu wollen und sich dann so potenziert damit konfrontiert zu sehen, bis es nicht mehr möglich ist, wegzuschauen. Das, was ist, ist! Da können wir uns auf den Kopf stellen. Wir werden damit konfrontiert.

Auch die wirtschaftliche und gesellschaftliche Situation in Deutschland ist nicht plötzlich vom Himmel gefallen, und auch hier gab es viele Anzeichen, die wir nicht sehen und auf die wir nicht reagieren wollten. Stattdessen haben wir uns träge auf alter Tage Lorbeeren ausgeruht. Wenn vieles sich nicht so zugespitzt hätte und nicht erst durch alarmierende Zahlen unübersehbar geworden wäre, hätten wir doch gar nicht bemerkt, wie tief wir geschlafen haben und dabei unmerklich zum europäischen Wachstumsschlusslicht geworden sind.

Ich liebe die Realität, und dies vor allem, weil sie uns zeigt, wo wir wirklich stehen. Die Fakten belegen, was wir selbst nicht sehen wollen, und wir bekommen unsere Grenzen und unsere Schatten aufgezeigt. Wir haben lange Zeit die Dinge laufen lassen, uns nur damit beschäftigt, das, was wir erreicht haben, zu bewahren, anstatt mit der Zeit zu gehen und Bewegung und Erneuerung zuzulassen. Das kann natürlich nicht lange funktionieren, denn das Leben fließt. Die Vergangenheit ist vorbei. Immer wieder möchte ich auf das Jetzt, auf diesen Moment, der neu und frisch ist, verweisen. Welche Schönheit und Vollkommenheit ist im Jetzt, in diesem Moment zu finden, die wir einfach übersehen.

Die Turbulenzen dieser Zeit sind uns dabei behilflich, unsere Aufmerksamkeit stärker auf die Gegenwart zu richten. Es geschieht so schnell so viel, dass wir nicht mehr die Zeit haben, immer wieder alte Geschichten aufzuwärmen und ihnen gedanklich nachzuhängen.

Ich beobachte, dass viele Menschen sich immer weniger erinnern können, selbst manchmal nicht einmal mehr an das, was kurz vorher geschehen ist. Manche beunruhigt das. Ich finde das wundervoll, - frei im Jetzt zu sein, einfach nur da zu sein und nichts mehr mit sich herumzutragen. Ich empfinde das als Gnade, unabhängig von den äußeren Bedingungen und den perfekten Umständen in mir zu ruhen. Denn früher habe ich oft Vergangenes und Zukünftiges im Kopf hin und hergewälzt. Die Gedanken drehten sich im Kreis, – Grübeleien, die zu nichts führten, außer zu einer schlechten Stimmung. Das war mein Wunsch nach Kontrolle und danach, alles richtig zu machen. Welch unnötiger Energieaufwand, der nur Erschöpfung, aber keine Lösung brachte.

Vieles, worüber wir uns den Kopf zerbrechen, brauchen wir nicht zu wissen und zu lösen. Wie oft spielen wir Situationen durch, und wenn sie dann eintreten, ist sowieso alles anders. Es ist eine große Freiheit, sich dem Moment anzuvertrauen, anstatt sich im Voraus oder im Nachhinein verrückt zu machen. Egal, was war, egal, was sein wird, – unsere Chance ist *jetzt!*

Wir können gemeinsam aufstehen, um zu handeln. Wir sind alle aufgerufen – jeder Einzelne von uns.

Die alten Zeiten des Versorgtseins, – in den westdeutschen Bundesländern durch das soziale Netz, in den ostdeutschen Bundesländern durch sozialistische Strukturen – sind für uns alle vorbei. Wir müssen uns alle von Erwartungen und Gewohnheiten verabschieden und auf die eine oder andere Art und Weise wieder neu anfangen, uns der Unberechenbarkeit des Lebens hingeben, ohne uns an einer neuen Theorie festzuhalten.

Ich beobachte bei vielen Menschen eine große Angst, sich wirklich auf das Leben einzulassen und präsent zu sein. Dabei lädt uns das Leben ein, inmitten all der Turbulenzen zu wahrer innerer Stärke zu finden und in uns selbst zu ruhen. Auf der Ebene spiritueller Bewusstwerdung ist diese Zeit ein Segen, um sich sehr schnell aus den Dramen und den Verstrickungen zu lösen, die jetzt in aller Vehemenz an die Oberfläche kommen.

Viele Menschen erleben im Privaten genau die Turbulenzen, die auch im unserem Lande zu sehen sind, und finden zu mehr Gelassenheit und Vertrauen – weil ihnen letztlich auch gar nichts anderes übrig bleibt!

☆☆☆

Was ist sozial?

Wir in Deutschland haben ausgeprägte soziale Strukturen, die in der Welt fast einzigartig sind. Das hat aber auch, wie alles im Leben, seine zwei Seiten. Wunderbar ist, dass Menschen in Situationen „finanzieller Not“ durch ein soziales Netz aufgefangen werden. Wundervoll ist auch, dass Menschen sich gegenseitig unterstützen und für die „Kranken“ und „Schwachen“ gesorgt ist.

Anders sieht es aus, wenn Menschen vom Staat unterstützt werden, die sich nur versorgen lassen und keine Verantwortung für ihr Leben übernehmen wollen. Ist es überhaupt hilfreich, jemanden zu unterstützen, der sich auf seine eigenen Füße stellen könnte? Verpasst er so nicht auch die Erfahrung seiner eigenen Stärke und Verantwortung? Dieselbe Frage stellt sich auch im Privaten: Ist es auch hier hilfreich, jemanden über lange Zeit „in seiner Schwäche“ zu unterstützen? Natürlich können wir uns gegenseitig helfen, wenn wir in Schwierigkeiten geraten sind. Doch wir können nicht die Verantwortung für das Glück eines anderen tragen. Es schwächt nur beide und erzeugt Verstrickungen und Gefühle von Schuld und Abhängigkeit.

Es ist auch wichtig, im Zusammenhang mit sozialem Handeln genau hinzuschauen, wo wir uns „durchzuschlängeln“ oder immer nur das Meiste für uns „herauszuschlagen“ versuchen. Soziales Handeln kann durch kein System erzwungen werden. Sozial zu sein hängt von unserem Bewusstsein, von Geben und Nehmen im täglichen Leben ab.

Was ist denn überhaupt sozial? Sozial nennen wir jemanden, der sich „selbstlos“ um andere kümmert. Als egoistisch bezeichnen wir oft den, der sich um seine Bedürfnisse kümmert, vielleicht Erfolg hat und viel Geld verdient. Diesem wird meistens soziale Kompetenz abgesprochen. Dass sein sozialer Beitrag ein anderer sein kann als der, seine Großmutter zu pflegen, berücksichtigen wir im ersten Moment nicht. Soziales Handeln muss sich nicht nur durch besonderes Tun, in Spenden, sozialer Arbeit oder praktische Unterstützung anderer Menschen ausdrücken, sondern kann sich durchaus in den einfachen Begegnungen des täglichen Lebens zeigen.

Zunächst ist natürlich jeder erst einmal für sich selbst und sein eigenes Leben verantwortlich. Das schließt aber nicht aus, auch das Wohl anderer zu berücksichtigen. Das ergibt sich, wenn wir uns innerlich genährt fühlen, ganz von selbst. Kennen wir nicht alle Situationen, im geschäftlichen, wie im privaten Bereich, in denen wir ein sehr gutes Gefühl haben, wenn beide Seiten mit einem Geschäft oder einem Austausch glücklich und zufrieden sind? Das ist eine gute Basis. Wenn der eine unzufrieden ist und sich übervorteilt fühlt, weil der andere zu viel für sich beansprucht hat, ist das Gefüge nicht im Gleichgewicht, und dieses Ungleichgewicht wird nach einem gesunden Ausgleich suchen. Und so wird dann vielleicht der, der sich zuerst als Gewinner wähnte, eines Tages mit dem, was er gesät hat, selbst konfrontiert.

Soziales Verhalten erfordert also die Bewusstheit, nicht immer nur zu raffen, sondern *zum Wohle aller Beteiligten* nach einer Lösung zu suchen. Und das gilt natürlich auch für die soziale Versorgung: Ist diese unausgewogen, kann das sehr unsozial für einzelne Bevölkerungsgruppen sein. Wenn der Staat dauerhaft nur auf wenige baut, die im Übermaß geben sollen, stellt sich die Frage, ob das noch gerecht diesen Menschen gegenüber ist. Manches, was sozial aussieht, ist es nicht. So kann ein unausgewogener Sozialstaat für einen Großteil der Bevölkerung weniger sozial sein, als wenn es keine sozialen Strukturen gibt und jeder nur auf sich selbst und auf seine eigene Verantwortung baut. Aber das ist ja nicht neu. Es geht weder darum, den Sozialstaat überzustrapazieren, noch darum, dass nur der „Stärkere" überleben kann. Wenn wir alle selbstverantwortlich leben und dann Unterstützung bekommen, wenn wir sie wirklich brauchen, ist das etwas Wunderbares. Sobald wir aber unsere Verantwortung abgeben und eine Versorgungshaltung einnehmen, ist das soziale Gefüge in Gefahr. Es stellt sich immer wieder die Frage: Was also ist wirklich sozial? Sind wir nur sozial, wenn wir soziale Arbeit verrichten, jemanden pflegen oder unser letztes Hemd hergeben? Ist es nicht auch sozial, Arbeitsplätze zu schaffen? Ist es nicht auch sozial, wenn ein Mensch, der wirtschaftlichen Erfolg hat, andere daran teilhaben lässt? Auch Menschen, die einem sozialen Beruf nachgehen, sind nicht automatisch bessere Menschen. Und wieder andere sind sehr bewusst und sozial, obwohl sie keinen sozialen Beruf und keine spirituelle oder religiöse Ausrichtung haben.

Also, was bedeuten die Schlagworte „sozial, soziales Miteinander, soziales Handeln“? Ehrlich gesagt, kann ich damit wenig anfangen. Dafür umso mehr mit einem offenen Herzen, aus dem menschliches Handeln und Mitgefühl, soziale Absicht hin oder her, von selbst geschehen. Das ist die Basis, der Schlüssel für ein „soziales Miteinander“.

☆☆☆

Vertrauen

Da viele Menschen sehr verunsichert sind, egal ob es nun um Veränderungen des Arbeitsmarktes, der Krankenversicherungen, der Renten oder um andere Lebensbereiche geht, stellt sich auch die Frage, wie es mit dem Vertrauen aussieht, das manchem abhanden gekommen zu sein scheint. Wo lassen wir uns also von Existenzängsten leiten anstatt von Urvertrauen? Vielleicht müssen wir ein tiefes Vertrauen in das Leben erst wieder lernen, und auch, nicht jeden Windhauch für den Weltuntergang zu halten. Es ist erschreckend zu sehen, wie bei vielen Menschen, wenn Pseudo-Sicherheiten und Orientierungen wegfallen, darunter liegende Existenzängste sichtbar werden. Diese tiefgreifenden Ängste existierten früher nicht weniger, kamen nur seltener ans Tageslicht und konnten besser kompensiert werden. Jetzt gilt es, sich ihnen zu stellen, um das Urvertrauen, das Vertrauen und GeborgenSein im DaSein zu erfahren – für den einen oder anderen eine harte Schule, die aber das kostbarste Geschenk überhaupt, das Ruhen in sich selbst, beinhaltet. Denn wir müssen nicht gleich mit jeder Herausforderung das Vertrauen ins DaSein verlieren und in Selbstmitleid verfallen.

„In wen oder was soll ich noch vertrauen?“ wird sich der eine oder andere fragen?

Es geht aber nicht darum, uns auf die Suche nach den guten Menschen zu machen, denen wir vertrauen können, und auf der Flucht vor den Schlechten, die uns nur übervorteilen wollen. Es geht um etwas viel Tieferes, - um das

Vertrauen ins DaSein; um das Vertrauen, getragen zu sein - egal, was geschieht.

Vertrauen heißt nicht, blind zu vertrauen und unsere Kritikfähigkeit beiseite zu lassen, im Gegenteil, denn das würde bedeuten, unsere Verantwortung abzugeben, unsere eigene Kraft und Kompetenz. In blindem Vertrauen finden wir genauso wenig eine Lösung wie durch ständiges Zweifeln.

Wenn wir uns nicht gegen schwierige Situationen sträuben, sondern uns unserer Angst stellen, können wir erkennen, dass alles halb so schlimm ist, wie es uns, von Angst getrieben, erscheint. Jede Situation birgt, selbst wenn sie von großen Einschränkungen und Herausforderungen geprägt ist, eine Chance, und damit ein Geschenk. Selbst wenn alles zusammenzustürzen scheint, wächst ein neues Pflänzchen.

Urvertrauen, Vertrauen in das Leben und in unsere Kraft, zeigt sich gerade in schwierigen Situationen.

Wie viele Menschen sind gerade durch massive Erschütterungen wie Konkurs, Unfall, oder Scheidung gewachsen, haben ihrem Leben eine Wendung gegeben und zu innerer Stärke, „Gott- und Urvertrauen“ gefunden. Wir können den Lauf der Dinge nicht aufhalten. Es gibt nicht nur eitel Sonnenschein. Zum Leben gehören alle Seiten, auch wenn es uns schwer fällt, das zu akzeptieren und wir mit Enttäuschung, wenn nicht gar mit Wut reagieren, wenn es nicht immer nur Wachstum, Sicherheit und Reichtum gibt – und das möglichst auch noch als Belohnung für einen relativ geringen Einsatz: Sobald es ans Eingemachte geht, sind wir nicht mehr so friedlich und verhalten uns wie verwöhnte Kinder: Es ist endlich an der Zeit, erwachsen zu werden. Selbst wenn wir uns einschränken müssen, ist das kein Drama. Sind Wohlstand und wirtschaftliches Wachstum denn immer nur ein Segen? Gibt es nicht trotzdem so viele innere Probleme, die nicht bewältigt sind? Materieller Wohlstand ist kein Garant für Glück! Was ist mit den vielen Schön- und Berühmtheiten, denen die Welt zu Füssen liegt, – sind sie immer glücklich?

Ich habe von einer weltweiten Untersuchung gelesen, die die Zufriedenheit der Menschen in den verschiedenen Ländern untersuchte. Hier waren Deutschland, Amerika und einige andere westliche Länder weit hinten angesiedelt, während die Menschen mancher Entwicklungsländer, davon einige sogar von Hunger oder Krieg bedroht, in viel größerer Zufriedenheit leben. Vielleicht haben sie größeres Vertrauen in das Leben und schätzen die kleinen Dinge mehr. Das soll aber nicht heißen, dass Armut automatisch Glück und Zufriedenheit bringt und unsere wirtschaftliche und gesellschaftliche Entwicklung immer die Ursache für Unzufriedenheit sein muss. Es geht nur darum, unser Leben wieder in einer gesunden Relation zu sehen und ein Gleichgewicht in uns zu finden, das nicht von wirtschaftlichen Faktoren abhängig ist.

☆☆☆

Unser Potenzial leben

Viele Menschen leben weit unter ihren Möglichkeiten, haben nicht gelernt, ihre Fähigkeiten zu erkennen und zu nutzen. Dasselbe können wir auch in Bezug auf unser Land beobachten. Warum berücksichtigen wir nicht stärker unser Potenzial? Auf welche vorhandenen Kräfte können wir uns besinnen und welche neu entfalten? Das sind Fragen, die sich aufdrängen. Worin liegt unser Potenzial? Wo liegt *Ihr* Potenzial?

Unsere Wirtschaft ist davon abhängig, wie und ob wir, im Kleinen wie im Großen, unser Potenzial nutzen. Doch das ist in meinen Augen zweitrangig. Erst einmal geht es um unsere Zufriedenheit und unser Glück. Und da ist zu beobachten, dass Menschen, die ihre Fähigkeiten nicht wirklich nutzen, oft unzufrieden sind. Unser Potenzial zu leben heißt nicht, dass wir alle Überflieger werden müssen, und es bedeutet auch nicht mehr Leistungsdruck, sondern die natürliche Entfaltung unseres inneren Wesens. Dabei geht es nicht um mehr Anstrengung, sondern um mehr innere Freiheit und um die Effektivität unseres Handelns.

Was hindert viele Menschen daran, ihre Fähigkeiten zu leben? In den meisten Fällen sind es unbewusste Ängste, beschränkte Selbstbilder, Gewohnheiten und Bequemlichkeiten. Es mangelt meistens nicht an ihren Fähigkeiten, sondern daran, für diese einen Boden zu bereiten und sie umzusetzen. Viele Menschen trauen sich zu wenig zu, sind zu abhängig von der Unterstützung anderer und haben Angst zu versagen.

Nichts hindert uns wirklich daran, unser Potenzial zu leben. Alles, was wir für ein Hindernis halten, ist nur ein Ausdruck unseres inneren GefangenSeins.

Was ist denn überhaupt die Grundlage für die Entfaltung unseres Potenzials und für Erfolg? Es wird immer offensichtlicher, dass es nicht nur um fachliche Qualitäten geht. Unterschätzte Faktoren sind immer noch unsere Psyche und unsere Motivation. Herausragende Fähigkeiten und viel Wissen alleine reichen nicht aus, wenn es uns nicht gelingt, Ausdauer an den Tag zu legen und Zeiten der Herausforderung durchzustehen.

Dabei ist auch die Fähigkeit wichtig, mit dem Auf und Ab der Leistungsfähigkeit umzugehen und nicht immer Jedermanns Liebling sein zu müssen. Viele Menschen haben Probleme, wenn sie nicht auf sichtbaren Erfolg und auf Anerkennung durch andere stoßen. Dann scheinen sie sich nicht mehr anerkannt und wertvoll zu fühlen. Was hat aber unser Wert damit zu tun? Nichts. Wir haben keinen Wert oder Nicht-Wert. Wir *sind* einfach. Wenn wir uns, unseren scheinbaren Wert und unser Glück über die Anerkennung anderer, über unser Tun und unseren Erfolg definieren, liegt großer Druck auf uns. Das bezieht sich nicht nur auf den beruflichen Bereich, sondern auf all unsere Identifizierungen, durch die wir unser DaSein auf- oder abgewertet sehen. Das kann sich auch in der Erwartung äußern, eine gute Mutter oder ein guter Mensch sein zu müssen. Diese Spiele der Identifizierungen, durch die wir uns auf- oder abgewertet zu sehen glauben, behindern oft die Entfaltung unseres Potenzials. Unser Selbstwert ist so daran gebunden, dass wir nicht mehr frei und unbeschwert handeln können und alles eine überdimensionale Bedeutung erhält.

Bei vielen erfolgreichen Schauspielern und Musikern ist zu beobachten, dass sie, vor allem wenn der Erfolg sehr schnell kam, in große Krisen verfallen, wenn er plötzlich ausbleibt. Es ist aber gefährlich, sich Selbstbilder und Identifizierungen auf der Basis des Erfolges aufzubauen. Dasselbe gilt auch für den umgekehrten Fall, nämlich, sich als Verlierer und wertlos zu sehen, wenn sich kein Erfolg einstellt. Weder das eine noch das andere ist die Wahrheit. Es sind alles nur Bilder, die mit unserer Essenz, unserem wahren Sein, nichts zu tun haben.

Es ist ein Segen, wenn wir aus den Spielen des Selbstwerts und der Identifizierungen aussteigen können. Dann ruhen wir in uns, unabhängig vom Auf und Ab des Lebens.

Ich hatte einst eine wundervolle Lehrerin: Meine Chefin, Oberärztin in einer suchttherapeutischen Einrichtung, in der ich angestellt war. Sie hatte die „Gabe“, Mitarbeiter innerhalb von ein paar Minuten vor dem versammeltem Team so „unter der Gürtellinie“ herunterzuputzen und deren Arbeitsleistung in der Luft zu zerreißen, dass viele in Tränen ausbrachen, voller Angst zur Arbeit kamen oder nach kurzer Zeit kündigten. Sie war unberechenbar. Einige Mitarbeiter waren schockiert über ihren eigenen Wunsch, die Chefin würde nach einem Urlaub nicht mehr zurückkehren und mit dem Flugzeug abstürzen.

Anfangs war ich, wenn sie mich und meine beruflichen Fähigkeiten vor dem ganzen Team in Grund und Boden stampfte, geschockt. Ich stellte mich total in Frage, schrumpfte um etliche Zentimeter und bekam kaum Luft. Und dann, einige Tage später, genau das Gegenteil: Sie lobte mich in höchsten Tönen und erklärte mich zum leuchten Beispiel für alle anderen. Damit fühlte ich mich genauso unwohl. Sie spiegelte mir meine inneren Selbstbilder. Das war meine Resonanz und sie war ein großes Geschenk, um zu lernen, mich von Auf- und Abwertung und von meinen Identifizierungen zu lösen.

Viele fühlten sich durch sie wie vernichtet, aber was konnte sie vernichten? Nur ihre Selbstbilder und Identifizierungen. Nach ein paar Jahren hatte sie keine Macht mehr über mein Glück und über ein scheinbares Ego, das sich aufgewertet oder zerstört fühlte. Komischerweise ließ sie mich ab dem Zeitpunkt, als ich aus der Resonanz dieser Ego- und Ohnmachtspiele herausgetreten war, in Ruhe. Sie hob mich nicht mehr unrealistisch in die Höhe und machte mich, auf Deutsch gesagt, auch nicht mehr „zur Schnecke“. Ich war respektiert und tat meine Arbeit. Das war eine sehr harte Schule, für die ich ihr, obwohl ich sie anfangs oft verwünscht habe, dankbar bin.

Ich liebe sie, diese Menschen, die uns das Leben so unerträglich und schwer zu machen scheinen, denn sie fordern uns auf, zu wahrer Größe zu finden und in uns zu ruhen! Wer kennt sie nicht, diese gnadenlosen Kämpfe mit der Exfrau, dem Chef, dem Nachbarn oder den Familienmitgliedern? Sie und das Leben zeigen uns, wo wir wirklich stehen, und das unerbittlich und gnadenlos. Sie schenken uns offensichtlich nichts, zerstören unsere Illusionen, kennen kein Pardon und erteilen uns damit viele wertvolle Lektionen. Was haben wir davon, über diese Menschen zu schimpfen und uns zu beschweren, dass sie so „schlecht" sind? Sie fordern uns indirekt auf, bei uns selbst zu schauen und zu unserer Stärke zu finden, denn sie sind oft für Freundlichkeiten und emotionale Manipulationen nicht empfänglich. Viele von uns fühlen sich daher hilflos, als deren Opfer, und sind voll von Schuldzuweisungen und Wut.

Wir können die Menschen nicht ändern, aber wir können die Herausforderung annehmen, in den Spiegel zu schauen, um darin unsere eigenen Verstrickungen und Anteile zu sehen und in unsere natürliche Macht zurückzufinden.

Die innere Unabhängigkeit von Bewertung lässt unsere Fähigkeiten ungehindert fließen. Wenn wir aber Angst haben, uns zu blamieren, nicht erfolgreich zu sein, Neid bei anderen zu erzeugen, als Versager gesehen zu werden, oder bestehenden Erfolg nicht halten zu können, kann sich unser volles Potenzial schlecht entfalten. Also ist es von großer Bedeutung, nicht nur unsere Fähigkeiten weiterzuentwickeln, sondern unsere inneren Beschränkungen näher zu beleuchten. Denn wenn wir innerlich frei sind, können wir unsere Möglichkeiten ungehindert leben, uns unbekümmert, frech und frei entfalten und unsere Arbeit tun. Sonst ist Angst unser ständiger Begleiter, – die Angst, etwas verlieren, nicht halten oder erreichen zu können.

Und letztendlich hat unser Glück nichts damit zu tun, ob wir gelobt oder verurteilt werden, obwohl es natürlich nicht dasselbe ist.

Wenn wir aus diesem Sumpf des scheinbaren Selbstwertes und unserer Ängste aussteigen, eröffnet sich eine große innere Freiheit, aus der heraus sich unser Potenzial ungehindert entfalten kann.

Woran halten Sie fest? Woran binden Sie Ihre Selbstbilder der Auf- und Abwertung? Sie sind weder gut noch schlecht. Auch wenn Sie alle loben, lieben und toll finden, bedeutet das nichts. Dasselbe gilt, wenn alle über Sie herfallen und Sie sich immer wieder selbst erniedrigen. Es hat nichts mit Ihrem wahren Sein, der Essenz, zu tun. Da gibt es kein Oben und Unten, kein Ich, das besser ist als ein anderes, nur *eine* Essenz: EinSein. Es ist nur das Spiel eines scheinbaren Egos, sich erheben zu wollen. Aber sich zu erheben beinhaltet auch, zu fallen. Eine Demütigung, die sich in eine gesunde Demut verwandeln kann. Kein Wunder, dass viele Menschen nicht den Mut haben, sich frei zu entfalten, wenn davon so sehr ihr Selbstwert und ihr Glück abhängig zu sein scheinen. Wie verständlich, dass viele nichts wagen und nicht aus der Masse heraustreten wollen, weil sie dann nicht mehr unter Kontrolle haben, was passiert und auch nicht wissen, ob sie ihre Selbstbilder noch bestätigt sehen. Es scheint von jeder Handlung so viel abzuhängen, als gehe es um unser Leben, zumindest aber darum, ob wir gut oder schlecht, Gewinner oder Verlierer, geliebt oder nicht geliebt sind.

So ist manches Potenzial aus Angst und mangelndem Mut nicht zum Ausdruck gekommen. Aber es ist erstaunlich, was in jedem Einzelnen steckt, wenn wir uns nicht verstecken. Es lohnt sich, unsere Beschränkungen zu überwinden. Nur braucht es Mut, sich dem Ungewissen zu stellen und manchmal auch ins Nichts zu springen. In jedem von uns liegt eine Fülle einzigartiger Möglichkeiten.

„Wo liegen denn meine Begabungen und Fähigkeiten“, wird sich jetzt wohl der eine oder andere fragen?

Oft genau dort, wo Sie ganz selbstverständlich und mit Begeisterung und Freude etwas tun, denn im Bereich unserer Fähigkeiten arbeiten wir mit Freude. Diese Freude beflügelt und potenziert wiederum unsere Leistung.

Wie steht es mit Ihren Begabungen und Fähigkeiten? Können sie fließen? Was macht Ihnen Spaß? Es gibt Bereiche, in denen wir wenig Begabungen mitbringen und viel Zeit damit verbringen müssen, uns etwas anzueignen, wofür andere nur einen Bruchteil dieser Zeit brauchen würden. Wir müssen nicht alles können und wissen. Wir müssen auch keine „Fachidioten“ werden, sind jedoch sehr effektiv und erfolgreich, wenn wir unsere Begabungen nutzen. Wenn wir eine Arbeit gerne tun, verfliegt die Zeit im Nu und wir kommen zu Ergebnissen, die wir in anderen Bereichen nicht einmal ansatzweise erreichen können. Wir können nicht alles gleich gut. Es gibt Dinge, die uns leichter, andere, die uns schwerer von der Hand gehen.

Gemeinsam können wir aber ein breites Spektrum abdecken und uns wunderbar ergänzen. Unser Leben ist vielfältig und hoch spezialisiert geworden. Ein Einzelner kann sich nicht mehr in allen Bereichen detailliert auskennen. Immer mehr ist die Entwicklung herausragender spezieller Fähigkeiten gefragt. Das ist keine schlechte Entwicklung. So kann sich jeder seinen Begabungen gemäß spezialisieren und in das, was ihn wirklich interessiert, eintauchen. Gleichzeitig bedarf es Menschen mit umfassendem und vernetzendem Wissen, die Verknüpfungen herstellen und Brücken bauen können.

Wenn wir unserer Freude und unseren Begabungen folgen, strömt uns vieles leicht und selbstverständlich zu. Ich kenne Menschen, die sehr erfolgreich in Bereichen arbeiten, in denen sie keine Ausbildung absolviert haben. Bedingt durch ihr Interesse und ihr inneres Feuer haben sich ihnen Bereiche eröffnet, die sie niemals für möglich gehalten hätten.

Sie sind ungewöhnliche Wege gegangen, haben getan, was sie nie erwartet hätten. Manchmal gestaltet sich aus einer inneren Begabung heraus etwas, was viel zufriedenstellender, erfolgreicher und auch lukrativer ist als das, was wir uns ursprünglich für unser Leben vorgestellt hatten. Natürlich können wir nicht alle Einstein sein und nicht alle außergewöhnliche Wege gehen, – aber unseren eigenen Weg innerhalb unserer Möglichkeiten. Oft können sich unsere Fähigkeiten nur deshalb nicht entfalten, weil wir uns mit unseren eingefahrenen Einstellungen und Erwartungen behindern. Geben wir uns endlich unseren Weg frei!

Manchmal ist es aber auch nötig, für eine gewisse Zeit etwas zu tun, was uns nicht hundertprozentig entspricht;

denn natürlich funktioniert nicht alles nur nach dem Lust und Laune-Prinzip, und wir brauchen auch eine gesunde Bodenständigkeit.

Obwohl diese, neben Durchhaltevermögen und vielen anderen Faktoren für den Erfolg von Bedeutung ist, überrascht es, dass in Deutschland überwiegend nur Zertifikate zählen. Selbst wenn jemand außerordentliche Fähigkeiten und Begabungen mitbringt und bessere Leistungen erzielt als ein anderer mit entsprechenden Scheinen, wird ihm oft eine Chance verweigert.

Abschlüsse mögen sinnvoll sein. Nur sind wir unflexibel, wenn wir ausschließlich nach Scheinen beurteilen und nicht darauf schauen, was jemand zu leisten imstande ist. Sehen wir doch mehr das Individuum mit seinen Begabungen und seinem Engagement, und geben wir nicht zu viel Autorität und Macht an Abschlüsse und Noten ab! Vertrauen wir denn unserer Wahrnehmung so wenig, dass alles immer besiegelt sein muss? Was sagen denn Noten und Abschlüsse im Detail aus? Sie scheinen ein objektives Kriterium zu sein. Aber stimmt das wirklich?

Wer kann sich in seiner Schul- und Ausbildungszeit nicht an Lehrer erinnern, in deren Benotung sich persönliche Ab- und Zuneigungen widerspiegelten? Wer kann sich nicht daran erinnern, in manchen Fächern eine zu gute, in anderen eine Note weit unter seiner Leistung bekommen zu haben? Und wie unterschiedlich ist das geforderte Lernniveau verschiedener Lehrer und Schulen. Einige Schüler und Studenten haben trotz eines guten Wissensstandes in der Prüfung einen Black-out. Andere wiederum sind prüfungsstark und laufen unter Druck zu Höchstform auf. Wir sind viel zu sehr von einem Noten- und Zertifikatsdenken geprägt. Glauben wir nur an Intelligenz, Kompetenz und Leistungsfähigkeit, wenn jemand einen bestimmten Abschluss vorweist? Vertrauen wir doch mehr auf unser Gefühl und unsere Beobachtungen. Haben wir nicht oft zu hohe Ansprüche, dafür aber weniger den Nutzen und die Effektivität im Auge? Wir brauchen frischen Wind, um den Staub unserer Erwartungen und die Enge unserer Vorstellungen wegzublasen.

Unsere Einstellung zu Arbeit und Leistung ist in der Vergangenheit oft starr und unflexibel gewesen. Arbeit kann auch spielerisch, kreativ und ohne Verbissenheit und Anstrengung geschehen. Schauen wir uns einmal den verbreiteten Glaubenssatz an, dass für Erfolg hart und viel gearbeitet werden muss. Manchmal stimmt das, oft jedoch nicht. Ist das denn überhaupt eine Gesetzmäßigkeit? Wohl kaum.

Letztens erzählte mir eine sehr engagierte und begabte Musiklehrerin, dass der Leiter der Musikschule sie darauf hinwies, sie solle ernsthafter mit den Schülern arbeiten. Er würde sie so häufig mit ihren Schülern lachen hören. So könnten doch ihre Schüler nicht genug arbeiten und lernen. Sie hörte auch den Vorwurf heraus, dass auch sie selbst so nicht ernsthaft genug arbeiten könne. Dabei ist sie eine der wenigen, die wirklich mit Freude unterrichten, sehr respektiert wird und ihren Schülern einen wunderbaren Zugang zur Musik verschafft. Es ist komisch, dass in unseren Vorstellungen Engagement nur mit Ernsthaftigkeit, harter Arbeit und Kampf in Verbindung steht. Leichtigkeit, Freude und Humor sollen zu Hause bleiben. Sind denn Menschen verdächtig, die gerne und mit Leichtigkeit und Freude arbeiten? Ist das automatisch ein Zeichen dafür, dass die Arbeit nicht ernst genug genommen wird? Vielleicht ist es auch unsere Vorstellung, eine gute Arbeitsleistung sei ausschließlich durch Fleiß, Ernsthaftigkeit, einen hohen Zeitaufwand und notfalls durch Quälerei zu erbringen. Ich will nicht in Abrede stellen, dass auch Ernsthaftigkeit, Fleiß und zeitliches Engagement wichtig sein können. Aber das schließt doch Leichtigkeit, Freude und Effektivität nicht aus.

In der Firma, in der mein Mann vor einigen Jahren arbeitete, war es für die Mitarbeiter ein ungeschriebenes Gesetz, demonstrieren zu müssen, wie viel Arbeit sie hatten und wie viele Überstunden sie machten. Es gab keinen Schreibtisch, der nicht mit Akten überhäuft war, um zu verdeutlichen, wie viel Arbeit zu bewältigen war. Jeder musste seinen eigenen Überlebenskampf führen. Und das Ergebnis?! Die Firma ging Konkurs.

Es war ein Spiel, und das Spiel hieß, sich von niemandem in die Karten gucken zu lassen und sich gegenseitig nicht zu unterstützen. Das Spiel hieß auch: Ich arbeite hart, viel und bin unersetzbar. Es war wichtig, über viel Arbeit zu klagen, um damit deutlich zu machen, was alles geleistet wurde. Wenig Zeit, dafür aber viele Aufgaben zu haben, die kaum zu bewältigen sind – das scheint heutzutage ein Synonym dafür zu sein, gefragt zu sein und Erfolg zu haben. Viel und hart zu arbeiten, muss jedoch nichts heißen. Wenn wir klar und konzentriert sind, können wir in wenigen Stunden das leisten, wofür wir sonst Tage brauchen. Dann geschieht unser Tun wie von selbst, weil wir nichts erzwingen wollen und wir offen fürs Wesentliche sind. Komplizierte Denkansätze, hohe Erwartungen, Leistungsdruck und emotionale Probleme lassen uns weniger zufrieden und viel uneffektiver arbeiten.

Geben wir uns Raum, uns spielerisch zu erproben und um Ungewöhnliches zu wagen. Manches entfaltet sich mit Leichtigkeit sehr erfolgreich, weil es ohne Druck geschieht. Zu viel Druck lähmt. In einem Übermaß von Druck und Anspannung können sich Fähigkeiten schlecht entfalten. Manche Menschen hingegen können wiederum kurzfristig unter Druck zu Höchstleistungen auflaufen. Es gibt, wie bei allem, kein einzig gültiges Rezept. Denn das, was für einen Menschen gilt, muss noch lange nicht für andere gelten. Deswegen ist es wichtig, auf das individuelle Potenzial zu schauen und nicht allen denselben Stempel aufdrücken zu wollen. Individualität ist doch belebend!

Wie ich in einigen Firmen beobachten konnte, fehlt oft schon bei Kleinigkeiten der Mut zu Eigeninitiative, und mancher traut sich nicht, die ungeschriebenen Gesetze der Anpassung aus Angst vor Kritik zu verlassen und der eigenen Schöpferkraft Ausdruck zu verleihen. Aber wir sind nicht alle gleich, und wir sind Menschen und keine Maschinen. So ist zum Beispiel eine Arbeitsstelle durchaus mit einem bestimmten Anforderungsprofil ausgeschrieben, wird aber letztlich durch die Person, die sie ausfüllt, gestaltet. Und so ist es natürlich sinnvoll, jemanden im Bereich seiner Begabungen einzusetzen, wenn es der Rahmen zulässt. Vielleicht ist ein anderer Mitarbeiter, der in diesem Bereich weniger begabt und engagiert ist, froh, wenn er in einem anderen Bereich verstärkt seine Fähigkeiten einsetzen kann. Es geht also nicht unbedingt darum, alle bestehenden Strukturen aufzulösen, sondern innerhalb dieser Strukturen mehr Flexibilität zuzulassen.

Im ersten Moment erscheint es aufwendig, Individualität zu berücksichtigen, doch auf Dauer ist es für das Unternehmen und seine Mitarbeiter gewinnbringend und zufriedenstellend, wenn individuelle Förderung gegeben ist.

Das scheint in Deutschland manchmal ein Problem zu sein. Auch Menschen mit herausragenden Begabungen scheinen nicht ausreichend unterstützt zu werden, sodass einige ins Ausland gehen, wo ihre Fähigkeiten mehr geachtet und gefördert werden.

Ich frage mich:

Müssen Menschen mit Begeisterung, mit besonderen Fähigkeiten, mit Mut und Visionen ausgebremst werden, nur weil sie Bewegung und Veränderungen bringen? Sind sie für uns eine Bedrohung? Warum sollen sie nicht auch bestmögliche Unterstützung bekommen, um sich, wie alle anderen auch, ihren Begabungen entsprechend entwickeln zu können? Das heißt doch nicht, dass alle auf Höchstleistungen getrimmt werden müssen. Es geht nicht darum, nur eine Elite zu fördern. Es sollte in Deutschland kein ungeschriebenes Gesetz sein, sich nur im mittleren Feld bewegen zu dürfen. Wenn wir uns aus der Masse herausbewegen, scheinen wir unbeabsichtigt zu einer Bedrohung zu werden, und so wird erwartet, dass wir uns in das angepasste Feld unausgesprochener Regeln einfügen. Das kann schnell zu einem Einheitsbrei führen, in dem Dynamik und Kreativität mehr ausgebremst werden als unterstützt. Aber wir brauchen uns vor individuellen Fähigkeiten nicht zu fürchten und uns nicht zu einer homogenen Masse zu entwickeln.

Stellen wir uns doch einmal folgende Fragen:

- Fühle ich mich manchmal von der Stärke und den Fähigkeiten anderer Menschen bedroht, weil ich Angst habe, selbst nicht „gut genug" zu sein?
- Versuche ich, die Kraft und Fähigkeiten anderer zu unterdrücken und zu schmälern?
- Erkenne ich die Fähigkeiten anderer nicht an?
- Beschneide ich mein Potenzial, weil ich nicht den Mut habe, zu meinen Taten und Fähigkeiten zu stehen?
- Wage ich manches nicht, weil ich Angst habe, mich aus dem grauen Feld der Unauffälligkeit heraus zu bewegen?

Wenn wir uns von den Fähigkeiten anderer bedroht fühlen, vergleichen wir uns und sehen Konkurrenz, wo keine ist. Es gibt immer Menschen, die etwas besser können als wir. Sich durch die Stärke anderer bedroht zu fühlen ist wieder nur ein Ausdruck mangelnder Bewusstheit der inneren Vollständigkeit. Leben wir doch lieber unser eigenes

Potenzial! Wenn wir mit uns und unserem Leben zufrieden sind und unsere Möglichkeiten leben, können wir jenseits von Konkurrenz andere achten. Dann sind Menschen mit überdurchschnittlichen Begabungen genauso willkommen wie die, deren Leistungsfähigkeit unter dem Durchschnitt liegt. Wenn allerdings Menschen mit einem überdurchschnittlichen Potenzial auf die „biedere und wenig begabte Masse“ herunterschauen und sich selbst für etwas Besseres halten, ist das genauso wenig hilfreich.

Wir brauchen eine gesunde Vielfalt von Menschen, die sich ergänzen und sich nebeneinander entfalten können. In unserem gesellschaftlichen Gefüge ist der Straßenfeger genauso wichtig wie der Erfinder. Jeder leistet seinen Beitrag, wie und so weit er kann. Lassen wir jedem seinen Platz!

Und haben wir endlich den Mut, unsere Fähigkeiten und unsere Freude zu leben.

☆☆☆

Die Chancen nutzen

Es ist auch zu beobachten, dass wir eine große Anspruchs- und Erwartungshaltung entwickelt haben. Aber – wo ist unsere Wertschätzung für die vielen wundervollen Dinge in unserem Leben geblieben? Vieles scheint für uns zur Selbstverständlichkeit geworden zu sein, was nicht selbstverständlich ist. Die Ansprüche an den Staat und an andere Menschen werden immer größer. Es ist an der Zeit, unsere Ansprüche zu überdenken.

Müssen wir denn erst so in die Ecke gedrängt werden, um wieder schätzen zu lernen, was wir haben? Wachen wir auf! Wir sind glücklicher, wenn wir, anstatt herumzunörgeln, das, was ist, zu achten wissen. Das bezieht sich nicht nur auf die materiellen Werte oder unsere gesellschaftliche und politische Situation, sondern auch auf unser privates Leben. Wir können alles haben, doch wenn wir es nicht schätzen, wird es immer zu wenig sein!

Weisheit liegt in der Demut, dem Wunder des Lebens, wie auch seinen Geschenken weniger selbstverständlich, dafür aber mit Dankbarkeit zu begegnen.

Notwendig in diesem Zusammenhang ist es, uns bewusst zu werden, wie wichtig jeder Einzelne in unserem gesellschaftlichen Gefüge ist und dass jeder auf seine Art seinen Beitrag leistet. Denn wer registriert schon, dass ein Chef, der den wirtschaftlichen Profit seiner Firma im Auge hat, auch derjenige ist, der den Menschen, die für ihn arbeiten, ihre Arbeit ermöglicht? Und dass er allein das Risiko trägt, wenn es schief geht? Manchmal scheint sowohl der Arbeitgeber wie auch der Arbeitnehmer jeweils dem anderen zu unterstellen, dieser würde nur seinen eigenen Vorteil im Auge haben. Sicherlich mag das manchmal stimmen. Trotzdem ist es aber wichtig, den anderen zu schätzen – denn der Arbeitgeber braucht den Arbeitnehmer, und umgekehrt.

Wenn wir selbst etwas geben, erwarten wir meist dafür, beachtet und anerkannt zu werden. Aber erkennen wir auch das an, was wir durch andere Menschen, durch den Arbeitnehmer, den Chef oder durch den Staat erhalten? Registrieren und schätzen wir auch das, was wir geschenkt bekommen und nicht nur das, was wir geben? Manchmal stellen wir an andere unrealistische Ansprüche und Forderungen, ohne es zu bemerken. Seien wir aufmerksamer für das, was andere uns ermöglichen. Natürlich könnten wir unser Leben damit verbringen, Defizite aufzuzählen und das, was wir gegeben und erhalten haben, gegeneinander aufzurechnen. Nur, was bringt uns das? Manchmal geben wir und bekommen nichts direkt zurück, sondern vielleicht später und an einer anderen Stelle, wo wir es gar nicht erwartet haben. Das Leben selbst sorgt für uns und für einen gesunden Ausgleich. Unsere Tendenz immer „noch mehr" und „nur für uns" etwas haben zu wollen, bringt auf Dauer keine wirkliche Zufriedenheit. Schenken Sie Ihren Beitrag voller Freude dem Leben, und das Leben sorgt für Sie!

Ich möchte noch einmal zusammenfassen, was Sie, was wir alle! konkret tun können:

Wir können, müssen uns aber nicht unbedingt politisch engagieren oder wirtschaftlich tätig werden. Es geht um unsere Eigenverantwortung, unseren Mut und die Bereitschaft, auch einmal Einschränkungen hinzunehmen. Und vor allem: Wir müssen uns nicht von der weit verbreiteten Negativität einlullen lassen. Jeder kann, auf seine Art, seinen Beitrag leisten. Das muss nichts Großartiges sein, sondern kann viel eher in den kleinen Dingen des Alltags zum Ausdruck kommen. Und manchmal reicht es schon, wenn wir unsere Aufmerksamkeit auf die Chance lenken, die in einer Sache liegt, die uns im ersten Moment vielleicht als Katastrophe erscheint.

Es geht um Veränderungen in unserem täglichen Leben. Es geht darum, unsere Ängste anzuschauen, sich ihnen zu stellen und diese Energie in positive Schöpferkraft umzuwandeln. Wenn ich arbeitslos bin, nicht nur zu jammern und auf den Staat zu vertrauen, sondern zu überlegen, wie ich diese Zeit nutzen kann, mich vielleicht selbstständig zu machen; oder eine ehrenamtliche Tätigkeit zu übernehmen, oder oder oder. Gerade jetzt, wo so viele Strukturen in sich zusammenfallen, haben wir die große Chance, auch Ungewöhnliches zu manifestieren und neuen Ideen Ausdruck zu verleihen.

Wenn wir den Mut haben, Verantwortung zu übernehmen, gibt es keine bessere Zeit für Neuerungen und Projekte, die unserer inneren Freiheit, unserer wahren Natur dienen, als jetzt!

Das bezieht sich auch auf den Gesundheitsbereich, in dem es jetzt um sehr viel mehr Eigenverantwortung geht. Die Zeit ist vorbei, beim Arzt den Krankenschein, und damit auch die Verantwortung für die eigene Gesundheit, abzugeben. Es gibt so viele Möglichkeiten, Körper, Geist und Seele gesund zu erhalten. Sie können zum Beispiel Sport machen, Ihre Ernährung umstellen, oder mit dem Rauchen aufhören – das spart Geld und dient Ihrer Gesundheit.

Auch im Bereich alternativer Energien ist immer mehr möglich. Denn es ist Zeit, uns aus der Abhängigkeit vom Öl zu lösen. Die erhöhten Ölpreise sind für einige eine „Katastrophe“. Sind sie vielleicht nicht auch ein Segen, zeigen sie uns nicht die Notwendigkeit und Dringlichkeit der Nutzung anderer alternativer Energien auf? Besonders alternative Angebote haben in dieser Zeit eine gute Chance, aber nur, wenn sie Hand und Fuß haben. Wenn sich bei einigen Menschen in diesen Bereichen kein oder nur wenig Erfolg einstellt, fehlt oft die solide Grundlage, der Boden.

Es gibt so viele Chancen, die die Zeit jetzt! jedem von uns! auf individuelle Art und Weise bietet.

Wir können also etwas tun, anstatt nur von einer besseren Welt zu reden. Unsere Chance ist jetzt! – Und das mehr denn je. Es ist, als warte das Universum auf Menschen, die frei sind, die vielen neuen Projekte, die anstehen, umzusetzen. Nur sind die meisten Menschen noch so gefangen in ihren Mustern, Ängsten und alten Strukturen, als dass sie sich davon berühren lassen können. Es liegt an uns. Auch was in unserem Land geschieht, ist nicht nur an einer Person oder an der Regierung festzumachen. Die Regierung ist ein wichtiger Faktor für die Situation eines Landes, aber nicht alles. Auch Hitlers Aufstieg und das unbeschreibliche Leid, das damit verbunden war, war nur möglich, weil es dafür eine Resonanz, bewusst oder unbewusst, in Deutschland gab, denn der Vertreter eines Landes spiegelt auch Aspekte des Bewusstseins seines Volkes wider. Hätte er sonst eine Chance? Das war auch im Irak zu beobachten. Denn als Saddam Hussein gestürzt war, war auch nicht plötzlich alles eitel Sonnenschein. Er allein war nicht der Böse, und alle anderen waren nicht allein die armen Opfer. So einfach ist es eben nicht!

Hier wie dort ist jeder Einzelne zum Handeln aufgerufen. Oft höre ich Menschen sagen, dass sie sowieso nichts ändern können. Sie verfallen in Resignation und in eine Opferhaltung. Natürlich können wir auf manches keinen direkten Einfluss nehmen. Wenn wir aber immer nur mit dem eigenen Schicksal hadern, ist unser Blick nicht frei für die Möglichkeiten hier und jetzt – wie schade für das Land der Dichter und Denker, dem es doch nicht an Ideen mangeln dürfte, neue, praktikable Horizonte aufzuzeigen.

Vielleicht fragen Sie sich manchmal, ob ich die Ernsthaftigkeit der Situation in Deutschland nicht sehe? Natürlich bin ich mir dieser Situation bewusst, aber ich empfinde sie nicht als negativ. Die Probleme und Geschichten vieler Menschen in meinem näheren Umfeld haben mich sehr berührt, und ich finde es durchaus nicht angemessen, alles mit der Technik des positiven Denkens zu überkleistern, genauso wenig aber plädiere ich dafür, ängstlich den Kopf in den Sand zu stecken.

Es ist eine spannende Zeit, eine Zeit der Abenteuer und der Herausforderungen. Wo sind Ihr Pioniergeist, Ihre Flexibilität und Ihre Neugierde? Ihre gewohnten Vorstellungen werden vom Leben gesprengt. Das ist doch prima!

Jetzt fragen Sie vielleicht: Was soll gut daran sein, dass wir den Gürtel enger schnallen sollen und viele Unternehmen wegen Zahlungsunfähigkeit aufgeben müssen? Nicht zu vergessen die vielen Menschen, die arbeitslos sind?

Ich sage dennoch: Diese Situation birgt das Geschenk eines Neuanfangs in sich. Es erweitert Ihr Bewusstsein. Es befreit Sie aus engen und überholten Denkmustern. Es ist die Einladung, sich mehr auf Wesentliches, auf Ihre eigene und unsere gemeinsame Kraft zu besinnen und vielleicht manches, was Sie und wir alle im Moment nicht für möglich halten, möglich zu machen.

☆☆☆

Abschließende Worte

Seit einigen Jahren hat sich mein ursprüngliches Interesse an psychologischen, spirituellen und philosophischen Themen auf die Bereiche Wirtschaft, Management und Politik erweitert, und ich habe erkannt, dass die Essenz letztendlich sehr ähnlich ist: Es gibt Gesetzmäßigkeiten, denen jeder und jedes – Menschen, aber auch Dinge und Situationen, wie auch die Wirtschaft – unterliegen: Es gibt Tag und Nacht, Licht und Schatten, Freude und Traurigkeit, Abschied und Neubeginn, Verlust und Gewinn. Das können wir, egal wie sehr wir uns bemühen, nicht aufhalten. Egal, wo wir hinschauen, ob es Aktien, Arbeitsstrukturen oder persönliche Beziehungen sind – ein immer wiederkehrendes Gesetz des Lebens ist zum Beispiel das Auf und Ab. Wenn wir uns nicht gegen diese Wellenbewegungen, wie ich es in den einzelnen Kapiteln beschrieben habe, wehren und uns dem Fluss des Lebens hingeben und von ihm tragen lassen, ist das Leben viel weniger anstrengend. Wenn wir unsere Arroganz überwinden, können wir in Demut erkennen, wie klug und weise das Leben selbst ist. Dann wird uns bewusst, wie viele Antworten in der Einfachheit des Lebens liegen. Beobachten Sie einmal selbst in allen Bereichen neugierig, was funktioniert und was nicht. Sehen Sie die Einfachheit, die gemeinsame Essenz, die allem zu Grunde liegt? Vieles erscheint nur unklar und undurchsichtig, weil wir es selbst unnötig kompliziert machen.

Jeder neue Moment trägt Geschenke in sich, die allerdings nicht unbedingt materieller Art sein müssen. Geschenke sind auch Erkenntnisse und inneres Wachstum, und so kann es auch ein Geschenk sein, einer unterdrückten Traurigkeit zu begegnen, die uns zu mehr Tiefe und zum Kontakt mit uns selbst führen kann. Ein weiteres Geschenk kann es sein, in dieser Zeit des Abschieds und des Neubeginns zu lernen, zu vertrauen, denn wenn wir Angst bekommen und uns tot stellen, erzeugt das nur großen Schmerz. Sind wir jedoch gelassen und voller Zuversicht, machen wir viele neue Erfahrungen. Nichts Schlimmes geschieht. Wir sind doch so lange Zeit verschont geblieben. Es ist ein Segen, dass uns der Druck der Wirtschaftsflaute zu Weiterentwicklung und zur Suche nach zeitgemäßen Möglichkeiten zwingt. Wenn wir klug sind, nutzen wir auch die Chance, uns der Konsequenzen unserer Handlungen schneller bewusst werden zu können, weil das Leben direkter und schonungsloser geworden ist. So kann im Privaten wie im Gesellschaftlichen alles an die Oberfläche kommen, was sich im Untergrund nicht in einem harmonischen Gleichgewicht befunden hat. Dadurch haben wir auch die Möglichkeit, uns sehr schnell und komprimiert der tiefen und einfachen Gesetze des menschlichen Lebens, der Natur und der Wirtschaft bewusst zu werden und – endlich! - danach zu handeln. Wir haben auch die Chance zu lernen, in unserer Mitte unabhängig von allen äußeren Turbulenzen zu ruhen. Ja, ruhen Sie in sich und folgen Sie nicht äußeren Maßstäben und Erwartungen und schon gar nicht der Panikmache in unserer Umgebung oder in der Presse. In unserer Mitte zu sein, heißt auch den Mut zu haben, einfach nur wir selbst zu sein, uns nicht beirren zu lassen. Diese Zeit bietet die Chance, sich aus alten Mustern des Mangels und der Angst zu lösen und zu innerer Freiheit und größerer Bewusstheit zu erwachen. Es ist Zeit für neue Wege, für ein neues Bewusstsein und vor allen Dingen für das Ruhen in der Stille unseres Seins. Beginnen wir jetzt damit! Leben und lieben wir das Leben. Jetzt!

☆☆☆☆☆

Bitte lesen Sie weiter ...

Anjana Gill

Du und deine Engel – ein himmlisches Team

108 Seiten, Hardcover mit zahlreichen farbigen Abbildungen,
ISBN 3-934254-46-2

Für Anjana Gill sind Engel keine heiligen fernen Wesen, sondern unsere Lebensbegleiter, die sich freuen, für uns da zu sein. Sie erklärt in leichten Schritten, wie Sie die Engel in Ihrem Leben integrieren können.
Lernen Sie mit Hilfe dieses wunderschön gestalteten Buches Ihre „himmlischen Mitarbeiter" kennen und verschmelzen Sie zu einem sensationellen Team! Lassen Sie sich beflügeln! It's time for an angel!

Anjana Gill

Wie Wünsche wahr werden

Persönliche Wunscherfüllung
80 Seiten Hardcover, mit zahlreichen farbigen Abbildungen,
ISBN 3-934254-42-X

Ein mitreißendes Buch darüber, wie wir es im Alltag schaffen, unsere Gedanken zu kontrollieren und unsere Wünsche „wahr" werden zu lassen. Das Besondere an diesem Buch ist der klare und logische Aufbau, der ein effektives und freudiges Arbeiten ermöglicht – eine Art „Gebrauchsanweisung" – in der Sie Schritt für Schritt den einzelnen logisch aufeinander abgestimmten Punkte folgen, und schon können Sie sich auf die Erfüllung Ihrer Wünsche freuen: das richtige Haus oder den Partner/die Partnerin fürs Leben.

Anjana Gill

Tue, was dein Herz dir sagt

Indische Weisheit trifft westlichen Alltag
184 Seiten, A5, geb., mit Schutzumschlag, ISBN 3-934254-70-5

Tue, was dein Herz dir sagt geht ganz auf die Bedürfnisse der heutigen Menschen ein – dem Wunsch nach einem tiefen erfüllten Leben *und* dem Bedürfnis nach finanziellem Wohlstand. Hier wird das alte asiatische spirituelle Wissen in das moderne, westliche Leben eingebettet. Intuition, unsere innere Schatzkammer. Die Weisheit der Seele. – das sind nur einige Themen dieses Grundlagenwerks, das helfen möchte, Wohlstand und Spiritualität im Alltag zu verbinden. Anjana Gill erzählt als Beispiel die Geschichte ihres Vaters, der von Indien nach Europa kam und in Deutschland mit der Modefirma Gillio ein sehr erfolgreicher Geschäftsmann wurde. Es lohnt sich, mit dem Herzen zu hören!

Thomas Eckerle

Reiner Zufall

208 Seiten, broschiert, ISBN 3-934254-56-X

Den Zufällen auf den Grund gehen, lautet die Devise dieses Buches. Der Autor kommt zu der verblüffenden Erkenntnis, dass alle Zufälle folgen unseres Denkens und Handelns sind. Wir selbst haben es in der Hand, in unser Leben einzugreifen und unser Schicksal zu gestalten. Dieses eindrucksvolle und neuartige Buch wird nicht nur Ihr Denken, sondern Ihr ganzes Leben verändern. Mit einem Nachschlagewerk, das die Ursachen und Hintergründe wichtiger Ereignisse beleuchtet und Ihnen hilft, diese besser zu verstehen.

Scott Cunningham

Magie in der Küche
Mit Liebe kochen

352 Seiten, gebunden, mit Leseband, ISBN 3-926374-36-5

Scott Cunningham beschreibt sehr anschaulich, wie man mit liebevollem Kochen positive Energie in die Nahrung gibt und diese Energien im positiven Sinne für sich nutzen und somit sein Leben neu entdecken und gezielt verbessern kann.
Er verrät uns Rezepte und Zaubersprüche, und lässt uns an dem uralten Wissen der Völker über die Magie der Nahrung teilhaben und öffnet so den Weg zu einem spirituellen Umgang mit der Nahrung und einem neuen Bewusst-Sein in der Küche. Für jeden ist es ein Unterschied, ob er/sie den Teig mit Wut im Bauch oder mit liebevollen Gedanken zubereitet, und so ist jeder in der Küche ein „Magier".
Mit zahlreichen Rezepten für Glück, Liebe und Gesundheit.

„Ein faszinierendes Buch für alle, die sich mit Ernährung, Magie, oder mit beidem beschäftigen."

Marion Zimmer-Bradley
(Die Nebel von Avalon)

Bertram Wallrath

Das keltische Baumhoroskop
(Originalfassung)
Magie und Heilkunde der alten Druiden

160 S., mit zahlr. Abb., broschiert
ISBN 3-934254-57-8

Das keltische Baumhoroskop zeichnet menschliche Eigenschaften in ihrer Zuordnung zu unseren Bäumen als faszinierende Alternative zu den vertrauten Tierkreiszeichen. Darüber hinaus werden das druidisch-magische Heilwissen und seine Anwendung für den Alltag wiederentdeckt.
Mit zahlreichen mittelalterlichen Rezepten und Abbildungen.

Melissa Bónya

Wechseljahre – noch mal durchstarten

Naturheilkundlicher Ratgeber

240 Seiten, A 5, broschiert, ISBN 3-934254-53-5

„Jünger werden wir alle nicht", aber man kann durchaus gegensteuern und selbstverantwortlich Gutes für sich und seinen Körper tun. Die Autorin erläutert, wie frau mit Heilkräutern, Vitaminen, Pflanzenhormonen, der Homöopathie, der richtigen Ernährung und nicht zuletzt mit Liebe, Sex und Sinnlichkeit dem Alter ein Schnippchen schlagen kann. Ein umfassender Ratgeber mit zahlreichen Tipps und Rezepten aus der Trickkiste der Natur, damit Sie gesund und fit die Chancen dieses neuen Lebensabschnitts nutzen können.

Regine Hellwig

***Natürlich* geht's mir gut**

Die kleine Taschenapotheke

216 Seiten, flexibler Kunststoffeinband
mit Einkaufsliste zum Herausschneiden
ISBN 3-934254-64-0

Die Autorin ist Heilpraktikerin und verrät Tipps und Tricks aus ihrer eigenen Praxis.

Alphabetisch nach Beschwerden geordnet, finden sich in diesem Ratgeber Vorschläge, wie sich der medizinisch nicht bewanderte Laie bei alltäglichen gesundheitlichen Problemen mit Hausmitteln, Rezepten aus der Pflanzenheilkunde, homöopathischen Einzel- und Komplexmitteln wie auch Fertigpräparaten schnell und „natürlich" helfen kann. Ein Buch für die ganze Familie – mit Bezugsquellen, wichtigen Telefonnummern, und, nicht zuletzt, einer Einkaufsliste für eine naturheilkundliche Haus- und/oder Reiseapotheke.

Regine Hellwig

***Natürlich* geht's uns gut**

Taschenapotheke für Kinder

ca. 200 Seiten, flexibler Kunststoffeinband
mit Einkaufsliste zum Herausschneiden
ISBN 3-934254-72-1

Die Autorin ist Heilpraktikerin und legt mit ihrem neuen Titel einen Ratgeber vor, in dem sie kurz und knapp naturheilkundliche Tipps für Kinder gibt. In einem Stichwortverzeichnis von A-Z finden Sie Vorschläge, wie Sie u.a. mit Hausmitteln, Homöopathie, Schüssler-Salzen, Pflanzenheilkunde, Fertigpräparaten Ihrem Kind schnell und na-türlich helfen können. Die Autorin scheut sich nicht, auch heikle Themen wie die Behandlung mit Ritalin bei Hyperaktivität oder die Risiken des Impfwahns oder seine Impffolgen anzusprechen. Mit wichtigen Telefonnummern und Einkaufslisten für die natürlich Haus-und/oder Reiseapotheke.